静寂と沈黙の歴史

ルネサンスから現代まで

アラン・コルバン

小倉孝誠・中川真知子訳

藤原書店

Alain CORBIN
"HISTOIRE DU SILENCE
: De la Renaissance à nos jours"

This book is published in Japan by arrangement with Editions Albin Michel,
through le Bureau des Copyrights Français, Tokyo.

図1　ピエロ・デッラ・フランチェスカ《キリストの復活》（1463-1465）　サンセポルクロ市立美術館

図2　ピエロ・デッラ・フランチェスカ《出産の聖母》（1476-1483）　モンテルキ市

沈黙は母性と調和し、穏やかさを伝えてくれる。妊娠した聖母マリアを描いためずらしい作品。

図3　ダ・ヴィンチ《岩窟の聖母》(1483-1486)
パリ、ルーヴル美術館

図4　カスパー・ダーヴィト・フリードリヒ《雲海の上の旅人》(1818)　ハンブルク美術館

図5　ジョルジュ・ド・ラ・トゥール《聖ヨセフ》(1638-1645)　パリ、ルーヴル美術館
何を言ったか聖書にまったく記されていないヨセフは、この絵ではイエスの神性を前にして、絶対的に深い沈黙を表わす。

図 6　ドガ《アプサント》(1875-1876)　パリ、オルセー美術館
並んで座っているが、二人の男女は見知らぬ者どうしのようである。女は内面の沈黙に閉じこもり、男は黙しているが、外の世界に目を向けている。

図 7　フェルナント・クノップフ《沈黙》(1890)　ブリュッセル、王立美術館
この絵は、象徴主義者たちにとって沈黙がいかに重要だったかを例証している。モデルは画家の妹で、手袋をはめた指が沈黙を命じているのだが、じつはそれ以上のものを示唆している。観る者に外部世界から切り離され、いわば時間を超越するよう促しているのだ。

図8　アルノルト・ベックリン《死の島》(1880)　ベルリン美術館

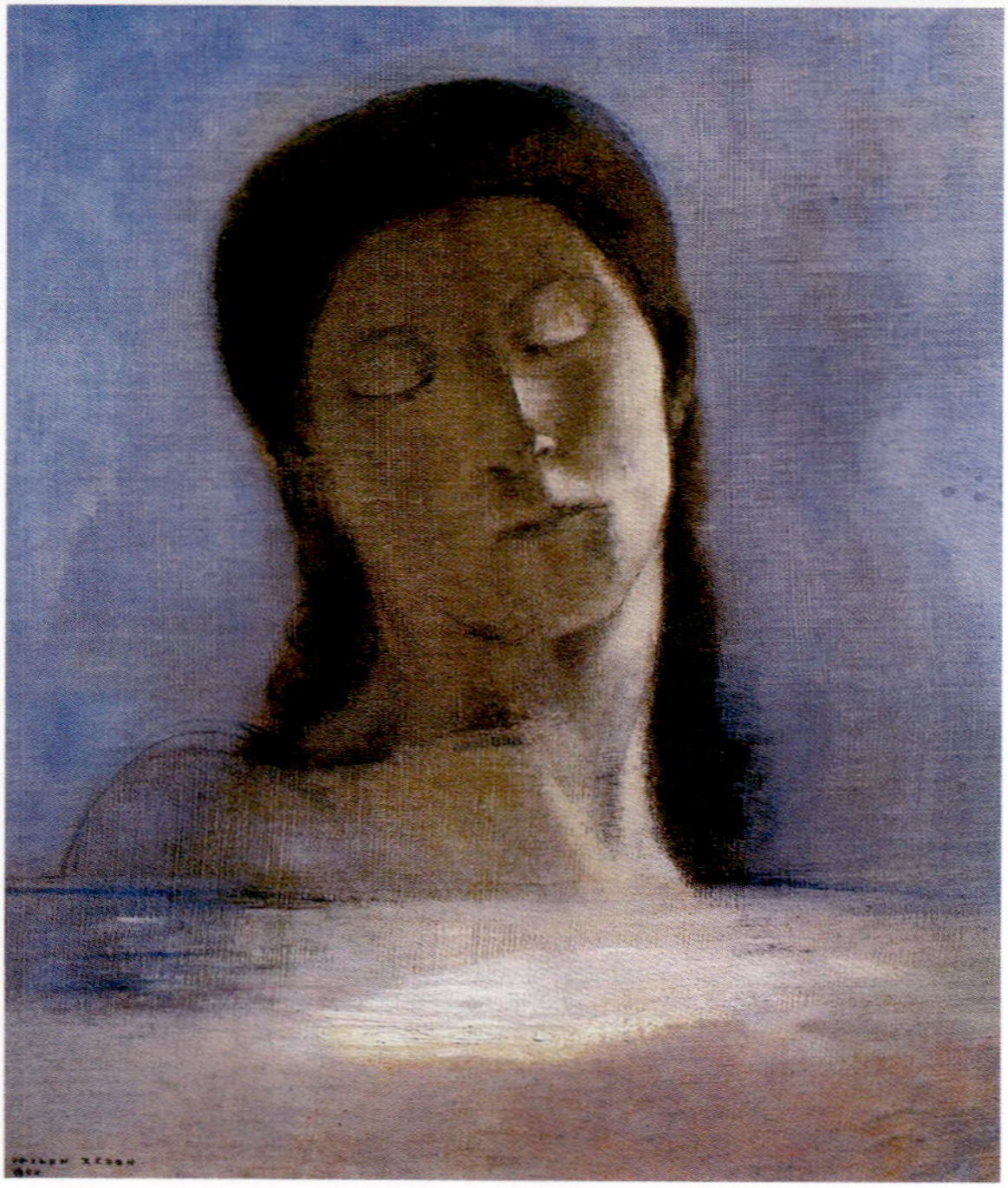

図9　オディロン・ルドン《閉じた目》(1890)　パリ、オルセー美術館
画家が描こうとしたのは女性の「不安な夢」だが、それ以上にこの絵は、閉じた目によって示される内面の言葉に耳を傾ける人間の表現になっている。

図 10　ルネ・マグリット《光の帝国》(1954)　アーメット・アーティガン・コレクション
ここでは、すべてが静寂の存在に寄与している。マグリットはシュールレアリストとして、光の規範を撹乱させ、知覚のコントラストを強調する。

図11　エドワード・ホッパー《ガソリンスタンド》(1940)　ニューヨーク近代美術館
給油ポンプのそばに立つ男と彼の小さな店は、広大なテキサスの沈黙／静寂のなかにひたっている。それは期待をはらんだ沈黙／静寂でもある。

図12　アーサー・ヒューズ《長い婚約期間》(1859)　バーミンガム美術館
沈黙のなかでこそ、愛の感情がもっとも深く表現される。何も語らないことで恋人たちは互いの愛を確認しているのだ。

日本の読者へ

現代のフランスで、静寂はたんに騒音がないということではなく、ひとつの贅沢と見なされている。若い世代にとって、静寂は苦痛と感じられているようだが、それは彼らが静寂とはどういうものか教えられなかったからである。瞑想の文化がある日本では、事情が異なるだろうと私は思っていたが、日本の友人たちによればそうではないことが分かった。電子機器の先進国である日本でも、静寂を実践し、その恩恵を味わう習慣が失われつつあるようだ。

とはいえ、私には日本の状況を正確に判断する能力はない。いずれにしても、着想から二〇年以上経っている本書は、時宜にかなった刊行を迎えた。

カトリック系の学校で学んでいた間、私は静寂を感じる機会に恵まれた。そこでは一日中、静かにしていることが義務だったのである。静寂は私にとってしばしば重荷だったが、人々が静寂について語った数多くの著作を理解するのに役立った。そういう人々にとって、静寂を経験するのは人生の指針にとって不可欠だった。いや、ここではむしろ「さまざまな静寂」というほうがいいだろう。静寂のかたち、恩恵、それが生まれる場所は多様だから。

本書には読者を驚かすようなページがあるかもしれない。たとえば修道院に関する部分で、そこでは昔も、そして現在でも絶対的な静寂が守られている。このような遠い過去の、そして異国の慣習を前にして感じる驚きは、日本の読者をおそらくひとつの問いかけへと導いてくれるだろう。静寂がきわめて豊かなものだという強い確信は何に由来するのか、という問いかけである。

私は予期していなかったが、本書は西洋諸国で大きな評判になった。静寂が不信の目を向けられ、ときには忌避されるとはいっても、長い間にわたって豊かなものと見なされてきたこの静寂という人生の経験にたいして、人々が今でも魅力を感じている、あるいは少なくとも関心を抱いているということなのだろうか。いまだに静寂を実践しているひとたちに、逆説的にも人々が耳を貸すようになるのだろうか。とりわけ、砂漠のなかで追い払うことのできない有害なバッタの群れのように、現代社会において耳に襲いかかるあの大量の音から逃れたいと感じている人々が、耳を貸すようになるのだろうか。

二〇一八年八月

アラン・コルバン

静寂と沈黙の歴史　目次

日本の読者へ　I

前奏曲　11
静寂の変容　11
静寂の歴史をたどる方法とその意義　12

第1章　場所がそなえる静寂と安らぎ　15
静寂がひびく場所　17
家の静寂　18
寝室の静けさ　20
静けさと親密さ　22
音の描写と静寂　25
調度品および生物の静寂　27
モニュメントの静寂　30

第2章　自然の静寂　35
自然界の音と静寂　37
夜と静寂　40
砂漠の静寂　43
山と雪の静寂　49

海と森の静寂　52
田舎の静寂　56
街の静寂　58
遺跡の静寂　62

第3章　沈黙の探求　65

十六世紀における瞑想と沈黙　67
神秘家たち　70
十七世紀、ボシュエの説教　72
ランセの教え、ヴァニタス、労働と瞑想　75
隠遁者フーコー　78
正教における沈黙、文学にみる沈黙　80

第4章　沈黙の学習と規律　83

沈黙の訓練　85
礼拝による訓練　86
学校および軍隊における訓練　88
礼儀作法が求める沈黙　90
沈黙と権力　92
都市の騒音の規制　93

Photo by Ichige Minoru

二十世紀へ　96

第5章　間奏曲——ヨセフとナザレあるいは絶対の沈黙　99

第6章　沈黙の言葉　103
沈黙は言葉である　105
神の言葉　107
芸術と沈黙の言葉　109
瞑想のための絵画　112
十七世紀以降の沈黙の絵画　116
二十世紀絵画と沈黙　119
文字と沈黙　121
映画と沈黙　124

第7章　沈黙という戦略　127
社交における沈黙の役割　129
宮廷で守るべき沈黙　131
会話における戦術　133
ディヌアール『沈黙の技法』　135
十九世紀における社交の沈黙　137

農民の沈黙　140

第8章　愛の沈黙から憎悪の沈黙へ――145
愛の養分としての機能　147
十六世紀から二十世紀におよぶ愛の沈黙　150
肉体の快楽における沈黙　155
憎悪の沈黙へ　158

第9章　後奏曲――沈黙の悲惨――163
神の沈黙　165
ヴィニーとユゴーの場合　168
十九世紀および二十世紀文学における神の沈黙への疑い　171
沈黙の悲劇　174
死の静寂　176

原注　201
訳者解説　202

Photo by Ichige Minoru

凡例

一　訳注は〔　〕で本文中に記した。

一　コルバン自身による引用文の中略は（…）で示した。

一　引用箇所の翻訳について、新約・旧約聖書からの引用は新共同訳による。そのほか既訳のある文献に関しては既訳を参照しつつ、独自に訳出した。

一　コルバンによる文学作品からの引用文には正確さを欠く箇所がある。原典と照合したうえで、訳者の判断で訂正しておいた。その点は本文中でそのつど明記することはしていない。

一　読みやすさを考慮して、訳者の判断で原著にはない小見出しを適宜付した。

一　原著にはカラー図版が八点収められている。本書では、本文の第六章で言及されている絵画作品四点の図版を新たに加えて、カラー口絵とした。

静寂と沈黙の歴史

ルネサンスから現代まで

Photo by Ichige Minoru

「静《シランス》けさにはいつでも、何かしら思いがけないものがあり、美しさに不意をつかれる。あるかなしかの印象は、美食家の鋭敏さでかみしめる。えもいわれぬ味わいの安らぎ。(…)静けさがひとりでに生じることはなく、内なる力に動かされたかのように生まれる。静けさはつもる(…)、それはしなやかでなめらかな足取りで現れる。」

ジャン＝ミシェル・ドラコンテ

『静けさを愛する人々を称えて』

前奏曲

静寂の変容

静寂《シランス》とは、単に音のない状態ではない。そのことを私たちはほとんど忘れてしまった。聴覚という指標は変質し、衰え、神聖さを失った。静寂がかきたてる不安、さらに激しい恐怖はいっそう強まった。

かつて西洋人は静寂がもつ奥深さと風味とを味わったものだった。瞑想するにも、内面の声をきくにも、黙想するにも、祈るにも、夢想するにも、創造するにも静けさ《シランス》が条件であると考えられていた。静寂はとりわけ心のうちにある場であり、言葉はそこから出現するものと考えられていたのだ。沈黙《シランス》による社交上のかけひきを西洋人は詳述した。西洋人にとって絵画は無言《シランス》の言葉であった。

場所の慕わしさ、つまり寝室あるいは寝室にある物、そしてまた家の慕わしさは、静けさが織りなすものだった。十八世紀に感受性の強い人間が出現して以来、人々は、崇高という規範に触発されて、おびただしい数の静けさを、砂漠に感じ山に海に野にきくことができたのである。

沈黙は恋の出会いの衝撃を伝えるものであり、ふたりの融合に必要な条件だと思われていた。気持ちが長続きする前触れだったのだ。病人がおくる生活、死の近しさや墓の存在感のために、さまざまな種類の沈黙がうまれた。今ではそうした沈黙は単なる残留物にすぎない。

静寂の歴史をたどる方法とその意義

こうした静寂を知るについては、真の美の探求にのりだした多くの作家から引用しそこに入り込むよりほかに、よい手立てはみあたらない。そうした言葉を読むことによって、誰しも自分の感受性を試すのである。歴史は説明するものであるとは、しつこく言われてきた。情動の世界をあつかうときには、歴史はまた、なかんずく感じさせるものでなければならない。対象となる心的世界が失われているのならばなおさらだ。それゆえ示唆に富む引用が、数多く必要なのである。引用によってのみ読者は、かつて個人がどのように静寂を体験したのかを理解することができるのだ。

いまでは静黙する *faire silence* ことは難しく、したがって安らぎと落ち着きとを与えるあの内なる言葉は聞こえない。社会は音に服従するようにと命ずる。自らの内なる声に耳を傾けるよりも、全体の一部であれという。かくして個人の構造そのものが変更された。

孤独なハイカーや芸術家、作家、瞑想の愛好家、修道院に隠遁した男女、墓所を訪れる女性たちのいくたりか、とりわけ見つめ合い、たがいに口をつぐむ恋人たちは、なるほど静寂を求め、静寂の肌合いに敏感だ。しかしそうした人々はいわば島にうちあげられた旅人である。その浜辺はむしばまれ、やがて無人になるだろう。

しかし都市空間において喧騒の激しさが増したことは、人が思うほどには別段重要ではない。騒音の度合《デシベル》いを調査する活動家、立法者、衛生学者、技術者のおかげで、都市の騒音は変化し、おそらくは十九世紀よりも騒々しいというほどではない。新たな変化の本質は、過度のメディア化にある。常に接続された状態で、そこから言葉がたえず個人に流れ込む。そのため人は静寂をひどく恐れるようになった。

本書において、かつての静寂をよびおこし、静寂の探求、その手触り、規律、戦略、豊かさのありさまを描き出し、沈黙の言葉の力について述べることは、静黙することを、すなわち己であることを学びなおすのに役立つかもしれない。

第*1*章 場所がそなえる静寂と安らぎ

静寂がひびく場所

静寂がその遍在を、触れずとも感じさせずにはおかない特権的な場所がある。その場所では静けさに大いに耳をすますことができ、その場所では静けさが、さりげなく切れ目のない、心地よい軽やかな音として現われる。その場所にはヴァレリー〔(ポール) フランスの詩人・作家、一八七一―一九四五〕のすすめがあてはまる。「このとぎれぬかすかな音を、静寂をきけ。何も聞かれぬときに聞こえるものに耳を傾けよ」。この音は「すべてを覆う、静寂というこの砂は……もはや何もない。この無は耳には無限である」[1]。静寂は空気のなかにいる。マックス・ピカート〔スイスの医師・思想家、一八八八―一九六五〕は書く。「静寂は見えない。けれども明らかにそこにある。遠くに広がっていく。けれどもあなたのそばにある。すぐそばにあるがために、自分の体のように感じるのだ」[2]。関係があるのは、思考やものの見方だけではない。行動や決断にも静寂が深く作用するのだ。

静寂が強く感じられるこうした場所のうちにあって、家とその部屋、廊下、寝室そしてそれらを装飾するありとあらゆるものは別格であるが、ある種の特権的なモニュメントもまた際立つ。教会、図書館、城塞、牢獄……。はじめに例として、こうした場所について十九、二十世紀を通じ語られてきたことをとりあげよう。私的な場所の静寂にまつわる言説が深まりをみせる時代だからだ。祈祷や祈りや神の言葉の傾聴に必要な瞑想と内面性とに結びついた沈黙については、後にとっておくことにしよう。

家の静寂

静寂を発散する家がある。そこではいわば沈黙が壁に染み込んでいるのだ。現代では画家ホッパー〔(エドワード)アメリカの画家、一八八二—一九六七〕がみごとにそれを表現した。バルベー・ドールヴィイ〔(ジュール)フランスの小説家、一八〇八—八九〕が描いた妻帯した神父の住処であるケネー〔ノルマンディー地方〕も同じだ。「静寂がかくも力をふるうこの家の静寂のなかで」主人公ネエル・ド・ネウは〔還俗した神父である〕ソンブルヴァルを待ちながら、〔その娘〕カリクストの亡骸につきそうのである。(3)

時代を同じくして、ジョルジュ・ローデンバック〔ベルギーの詩人、一八五五—九八〕の作品の核心には静寂があった。ブリュージュの貴族的な邸宅の数々に宿る静寂がそれだ。運河ぞいに、こうした物言わぬ家並みが、ブリュージュの苦悩のうちにあって、重くのしかかる。そして物語の中心人物であるユーグ・ヴィアーヌは人気のない通りにそって歩きながら、「悲しげなブリュージュの憂愁と静寂のうちに、自らのかたわれを見出すのだった」[4]。ここにおいて静寂は何かいきいきとした実在のものであり、専制的であり、静寂を乱すものに対しては敵対するものだとローデンバックははっきり述べる。この街ではどんな物音も耳障りであり、冒瀆であり、獣めいた粗野なものなのだ。

ジュリアン・グラック〔フランスの作家、一九一〇―二〇〇七〕の『シルトの岸辺』では、静寂の存在が中心にある[5]。静寂は、邸宅を、ヴァネッサが住む古い屋敷を支配し、その屋敷のあるマレンマ〔架空の都市〕の街全体を支配し、オルセンナ〔都市国家〕の首都を支配し、要するに頽廃が感じられる場所いたるところを支配するのだ。多種多様な静寂にとりつかれたこの小説については、後述することになるだろう。

家の内側では、肌理の異なる沈黙が部屋に、廊下に、寝室に、執務室に染み込んでいる。沈黙はヴェルコール〔フランスの小説家、本名ジャン・ブリュレル、一九〇二―九一〕の代表作におけるもっとも重要な主題であり、叔父と姪とドイツ人将校ウェルナー・フォン・エブルナック[6]のいる一階の部屋で強く訴えかける。三日目にはすでに、ドイツ人将校は部屋に入る前から沈黙を感じ、予測する。将校が話すと、その後に沈黙が続き、「それはどんどん濃くなり、朝方の霧のようだ。濃密で動かない」。登場人物たちの身構えが「この沈黙の重みをまし、沈黙は鉛のようになっていく」(7)。

したがって沈黙は、目下おこなわれる勝負の展開を示すものだ。なぜなら、この沈黙は「フランスの沈黙」であり、ドイツ人将校は冬の百晩にわたってそれに勝とうとするのだから。そうするために将校は「この強烈な沈黙」に従い、それが「重く息苦しいガスのように部屋の隅の奥にまでたちこめ」(8)、部屋に浸透するがままにさせておく。三人の登場人物のうちで、ドイツ人がそこで一番くつろいでいるかのように話がすすむ。

〔パリで〕劇的な出来事を経験し、フランスがドイツに対して行う抵抗運動《レジスタンス》を理解して、何年かの後に戻ってきてからは、ウェルナー・フォン・エブルナックは「沈黙の健康的なねばりづよさ」を賞賛する。沈黙がまたしても支配するのだが、「もっと得体の知れない張りつめた」(9)姿になっていた。一九四一年に誇りを示した沈黙が、抵抗の沈黙に変わったのだ。

寝室の静けさ

「いかなる寝室も巨大な秘密のようなものだ」(10)とクローデル〔(ポール)フランスの外交官、詩人、劇作家、一八六八―一九五五〕は書く。寝室は静寂を具えた親密な場であるからだ。こうした場には静けさが必要だ。ミシェル・ペロー〔フランスの歴史家、一九二八―〕が強調するところによると、十九世紀に個室をもとめる欲求が高まった。すなわち自分だけの空間を、殻を、秘密の場を、静寂の場を求めるようになったのだ。[11]この欲求は歴史的事実である。ボードレールは、夜ようやく自分の寝室にかくまわれることによって得られる悦楽を激しい調子でうたう。そのとき「おそらくは自分が自分をうけいれられない」という恐れゆえに、群衆のなかをかけずりまわる人々とは反対に、「ひとりになることができないという大きな不幸」から逃れられるのだと、ボードレールはラ・ブリュイエール〔(ジャン・ド) フランスのモラリスト、一六四五―九六〕を引用しつつ書く。

「やっと！ ひとりきり！ 遅ればせの疲れ切った辻馬車数台の音しかもはや聞こえない。何時間かの間は、休息とはいわずとも、静寂を手に入れられる。ようやくだ！ 横暴な人間の顔は消え、私はもう自分に苦しむほか苦しまない。(…) 誰にも満足せず、自分に満足せず、静寂と夜の孤独のうちで、私は立ち直り、少しはうぬぼれてみたい」。[12]

ユイスマンスは同様の欲求を、自分の小説の登場人物にひとりならず与える。デゼサントが身の回りにおくのは、ほとんど口をきかない使用人で、何年にもわたる沈黙に屈してきた老人たちだ。そして静かな寝室を整える。絨毯も、詰め物をした床も、油をさした戸も、召使いの足音が決して聞こえないようにする。デゼサントが夢みたのは、明らかに「祈祷室」であり、擬似「修道院の個室」であり、「物思いにふける私室」の場であり、しかもその静寂がデゼサントにとって、しまいには重苦しくなるのだ[13]。

マルセル・プルーストは自室の壁をコルクで覆わせ、上階のアパルトマンでおこなわれるはずだった工事をせぬよう職人を買収した。後にカフカは「ひとりきりになり、口をつぐみ、静寂を楽しみ、夜に執筆する[14]」ことができるホテルの部屋を持ちたいという欲求を表明した。

静けさと親密さ

自室に静けさを求めるこの平凡な欲求を、念入りに分析した作家もいる。静寂の重要性は、家人のたてる、慣れ親しんだかすかな音によってひきおこされる感情に結びつくことが多い。大西洋の向こう側ではホイットマン〔(ウォルト) アメリカの詩人、一八一九―九二〕が、「静寂のうちに食卓に皿をならべる一家の母[15]」をたたえる。リルケは「家族の家の静かな寝室で、穏やかにそこに落ち着くものに囲まれて、輝く緑にあふれる庭でシジュウカラがかすかにさえずる声と、遠くには村の大時計の音をきく[16]」おりに感じる幸福を述べる。ここで幸福は親密な空間と、はてしなく広がる外の空間との相互浸透から生まれるのである。

リルケは、母が訪れるときに子供にとって生まれる静寂の多彩さを描きだす。「ああ階井の静けさよ、隣あう部屋の静けさよ、あの上の、天井の静けさよ。ああ母よ。ああ、あなただけが、私が子供だったとき、こうしたあらゆる静けさに向かって身をおいたのだ。あなただけが静けさをひきうけ、『怖がらないの、私よ』という。あなただけが、おそれるもののために、おびえきったもののために、夜のただなかで静寂になる勇気がある。あなたは光をともし、そしてその音は、すでにあなたなのだ……」[17]。

リルケによれば、寝室の中には、もうひとつ特別な静けさがある。隣人が大騒ぎをやめたときに生まれる静寂だ。「そして今や静けさが生まれた。苦痛がおわったときのような静寂。なおりかけの傷口のようにうずく、とくに感じとることができる静寂」、はっとさせ、しばらくの間、目をつむらせない静けさだ。「この安らぎは味わっておかなければならない。二度と同じ安らぎを作りだすことはできないのだから」[18]。

『失われた時をもとめて』の語り手は、自分を取り囲む静寂の構成について分析を重ねる。ルグランダンの家のテラスの「良質な静けさ」を味わう。これに関して、幾度も繰り返される例がある。レオニー叔母の寝室のうちにある静けさだ。「ここの空気はえりぬきの静けさで満ちていて、糧となりまた味わい深かったので、そこを行くときには、僕は必ず食い気みたいなものを抱いていて、とくにまだ寒いイースターの週の、滞在最初の朝には、コンブレーに着いたばかりであったから、静けさがよく味わえるのだった」[19]。アルベルチーヌが眠る部屋で静寂を守ろうとする語り手の気遣いは、本書の別の箇所で検討しよう。

バルベー・ドールヴィイが『深紅のカーテン』で描く寝室の中で展開する、微妙なエロチシズムには後ほどたちかえろう。さしあたっては、その家のうちにある、さまざまな種の不吉な静寂だけを考えることにする。この家はといえば、まごうことなき静寂の王国なのだった。アルベルトが密かに訪れてくるのを待つ恋人は、眠りにおちた家の「おそろしい静寂」をみはる。両親の寝室の静寂は不安をさそい、耳をすます。予想外の出来事は決して起こらぬように身をひそめることが肝心で、戸の蝶番がきしむ音にも用心が大切だ。ここで意味深いのは、語り手が寝室の静寂に閉じこもり、そこにアルベルトが初めて姿を現わすところだ。通りも「井戸の底のように」静まりかえっている。「蝿が飛ぶ音さえ聞こえただろうが、もしたまたま私の寝室に一匹いたとしてもどこか窓の隅か、カーテンのうねるひだの間で眠っていたにちがいない。(…)カーテンは窓に垂直にかけられ、微動だにしなかった」。この「完全で深い静寂」のうちに——「完全」と「深い」という区別は一考を要するが——突然ドアがわずかにゆっくりと開くと、アルベルトが姿を現わす。自分がたててしまったかもしれない音におびえながら[20]。

同じ頃、静寂が浸透しているさまが感じられる部屋が他にもあった。ヴィクトル・ユゴーが感動をこめて描いたような、仕事にうちこむ若い女性の部屋だ。その屋根裏部屋では、労働と純粋さと敬虔な心と静寂がからみあう。この「薄暗い隠れ家」では、「この処女《おとめ》が、神を想いながら、飾り気なく恐れもなく、厳かで聖なる勤めをなしとげる」間に、「夢みるような静寂が処女のちかくに腰を据える[21]」。風の音が通りから「静まりかえる戸口をおぼろげにのぼってきて」処女にいう。「天のもと純潔でありなさい！（…）穏やかでいなさい。（…）喜んでいなさい。（…）善良でありなさい[22]」。

ゾラの『夢』という小説ではたえざる静寂が、すぐ近くにある大聖堂の鐘の音と対照をなすが、ヒロインのアンジェリックはユゴーの夢想を例証するようだ。小説の重要な場面のひとつは完全な静寂のうちにある。恋するフェリシアンが最初に現れる夜、寝室の「静寂はまったきもので」、音に耳を傾けさせずにはおかず、静寂ゆえに、「ふくれあがり、ため息をつく家」の音が、夜の恐怖を息づかせる音が、あらわにされるのだ[23]。

音の描写と静寂

ジュール・ヴェルヌは、『オクス博士の幻想』と題された、皮肉のきいたファルスのなかで、フランドル地方の架空の街のただなかに君臨する、まったき静寂を描写し、滑稽に思わせる。そうすることによって、通常では聞こえてくるはずの音を詳しく書くことができたのである。たとえば、市長ファン・トリカスの住居は「平和で静かな家で、扉はギイギイいわず、窓ガラスはギシギシいわず、寄せ木張りの床はキュウキュウいわず、暖炉はゼエゼエいわず、風見鶏はキイキイいわず、家具はミシミシいわず、錠はガチャガチャいわず、家の主人たちは自らの影ほども音をたてなかった。沈黙の神ハルポクラテスならば、沈黙の神殿に、この家を選んだにちがいない[24]」。

二十世紀フランスの作家で、寝室の静寂にとりつかれ、必要に駆られて、静寂を分析し、静寂を感じさせたものといえば、間違いなくジョルジュ・ベルナノス〔フランスの小説家、思想家、一八八八―一九四八〕である。『ウィーヌ氏』を読むとき、こうした思いがとりわけ強くなる。ウィーヌ氏の寝室における静けさの組み合わせは、この登場人物の性質を反映している。この人は「無の天才」、虚空の、悪の天才であり、「虚無の教師」、「魂の男色家」、怪物じみた爬虫類なのであった。静寂はここでは絶望を表わす。ながい苦しみの果ての死とともにあるのだ。

若いスティニーは、初めてウィーヌ氏の寝室に通されるや、「目に見えない軸のまわりをゆっくりと周り、ゆれているかのような、小さな寝室の不思議な静寂」に向き合うことになる。スティニーは「静寂が自分の額を、胸を、手のひらを、水が愛撫するように滑り落ちるのを感じたと思った[25]」。それからささやきがわきあがってくる、遠くの嘆きのざわめきが。「静寂が破られたとはいえないが、少しずつ流れ出し、静寂の傾斜をおりていく。スティニーの後ろでは、ほとんど聞き取れないほどのざわめきがたちのぼり、まだ音になる前で、音に先立ち、音を告げる[26]」。

ウィーヌ氏は家主の夫で、いまわの際にあるアンテルムの名前をあげる。「ウィーヌ氏は静かに落ち着いて、かすかともいえない声で話したが、フィリップ（スティニー）は、漠然とした恐怖もあいまって、同じ静寂がまた自分たちの周りに形作られるのを感じた。生き生きとした静寂で、音のもっとも粗野な部分だけを吸い取り、音のする透明さのようなものであるという幻想を抱かせるのだった」[27]。つまりウィーヌ氏その人が静寂であり、判断力に毒を盛り、本能を変質させるのである。これはウィーヌ氏の臨終のときに明らかになる。「ウィーヌ氏の呼吸は小さな寝室の静寂を乱すことはなく、それにある種の死の重みを与えるのみ」[28]で、瀕死のウィーヌ氏はこう告白する。「この孤独な人生でずっと（…）私はむしろ自分の声を聞くのを避けるように話したのだ」。ウィーヌ氏の言葉が寝室におりなす静寂からは、いかなる安らぎも生まれない。「この静寂は口にされることのなかったたくさんの別の言葉で満ちていて、スティニーはそれがひゅうひゅうと鳴り、蛇のからみあいのように、どこか物陰でうごめくのが聞こえると思った」。息絶えながら、ウィーヌ氏は小さく笑い声をたて、それは「静寂をかろうじて抜け出ていく」[29]。

調度品および生物の静寂

寝室に関して、ここまでみてきたことだけに限定したのでは、とても十分とはいえない。隠れ家や閉居や恐怖、それに静寂と外部でささやかれる音のあいまいなうねりとの相互浸透というだけでは足りないのである。寝室の静寂を分析するならば、こうした場所ではことに静寂と通じ合う、装飾や備品、さらには人々について検討しなければならないのである。

装飾をなす事物の静かなおしゃべりは、「魂のものいわぬ言語[30]」である。マックス・ピカートは書く。「事物にはそれぞれ、それ自体のうちに土台があって、この土台は、事物を指し示す言葉よりも遠くからやってくるのである。沈黙を通る以外に、人間がこの土台に出会う術はない。人間は沈黙によって、事物のうちにあるような、言葉に先立つ状態に反応する。人間はその沈黙によって、事物をほめたたえるのである[31]」。ジョルジュ・ローデンバックは、「事物は語る、事物は静かで、たったひとりの対話者にしか聞こえない、したがって内密のおしゃべりのうちに、その本質を表現するのである」と断言する。ローデンバックは自身の詩作品において、魂に静かに語りかける事物を数多くたたえている。そうした事物のうちでも目立つのが、「常に外部と共犯関係にあるはかない窓ガラス」、日曜ごとに、虚空と静寂を凝視する女性たちの顔が寄せられる窓、「寝室の心の友」である鏡、古びた戸棚、「ブロンズの背をもち、胸をはり、無言の婚姻を結び〔鏡に〕自らを映す小さな像」。ここで夢は泡のようにただよい、そして「寝室は静寂をなし、泡でお手玉をする」。夜の帳がおりると、ただ「シャンデリアだけが閉じられた静寂のうちに、満たされぬものの音を散り散りにする」。ローデンバックは寝室を「生気のない布地でできた壮麗な静寂」であると感じる。ここではどこよりも「静寂の物思いにふける純粋さ」が続くのだ。

魂に語りかける事物は他にも数多くある。ベッドランプ、「沈黙のうちによくおしゃべりをした」古い肖像画、水槽、水が「ガラスの家の奥」へと逃げいく、外界への拒絶を表わすたらい、そして宝石のなかでは、「存在なき存在」である真珠だ。ローデンバックは灰色がはっきりと感じられる静寂の色だと考えており、ブリュージュの運河を泳ぐ白鳥の羽毛の白と、夜の黒も同様だ。さらにローデンバックは綴る。

まことに寝室は古い人たちのものだ
秘密を知っていて、来歴を知っている（…）
黒々としたガラスのうちに隠されてきた秘密や来歴を
鏡の奥に隠されていた秘密や来歴を

そして夕べには「秘密が落ちてくる、何ももらさぬ秘密が(32)」。

装飾品が魂のものいわぬ言語である一方、静寂がとらえがたく遍在していることも、魂には必要なのである。静寂こそが凝視のうちにある事物の光輪を作り出すのだ。「存在が不在へと変わる」あの境界を、そしてかすかなふるえのごとく、無言の言葉をつくるあの境界を、生み出すのである。

この点では、静寂に類似した存在もある。まずは子どもだが、すでにみた通り、子どもは静寂という母の存在を感じる。マックス・ピカートが書くところによれば、「子どもは沈黙の小さな丘のようなものである。沈黙はいわば子どもにそってよじのぼってきた。（…）子どもの言葉には、音よりも沈黙が現われる」[33]。映画監督には、沈黙を作品にいきわたらせる者が幾人もいる。フィリップ・ガレル〔フランスの映画監督、一九四八―〕においては、子どもは静寂を引き入れ、それを縄張りに変えるのだ。[34]

マックス・ピカートがこだわるのは、動物における「濃密な沈黙」である。ピカートがみるところ、動物は「人間に対する沈黙を身につけて運ぶ（…）。たえず人間の前に沈黙を置くのである」。これが「沈黙のイメージ」だ。しかし、動物の沈黙は重く、石化した塊のようだ。動物は「その沈黙から乱暴に力づくで身を引き離そうとするが、動物は沈黙につながれている」[35]。動物のなかでも、特に猫は沈黙に宿ることができ、沈黙を象徴するようで、映画作家たちは猫のこの性質を、たっぷりと用いるのだ。

モニュメントの静寂

ある種のモニュメントもまた、家や廊下や寝室とは違った仕方ででではあるが、ことごとく静寂の神殿としての存在感をもつ。なかんずく教会や修道院がそうだ。「カテドラルは沈黙を中心に大きくなった」とマックス・ピカートは記す。「ロマネスク様式のカテドラルは一個の物質としてある」。カテドラルが「その実在だけで、沈黙の壁を、沈黙の街を、沈黙の人間を生み出そうとしている」ようにみえる。「カテドラルは石に象眼された沈黙のよう」で、「巨大な沈黙の貯蔵所のようにそびえたつ」[36]。

ユイスマンスはその小説のなかで、特に回心を描いた小説のなかで、例えばデュルタルのような主人公が、静寂を求め、そこに逃避しようとし、なかでも「人気のない教会や暗い礼拝堂」を支配する静寂にひかれる姿を書き続ける。ルルドに逗留したデュルタルは、当世風の醜いバジリカ聖堂には目もくれず、今では顧みられることのない古い教会にいるのを好む。「大変静かで、あかりはほとんどなく、いたって居心地のよいこの教会は、週の間はほとんど無人で、新しいルルドを訪れる群衆をくぐった後には、なんとやさしい隠れ家であっただろう！　聖体の秘蹟を前に祈る女性数人は自分の席の上で身じろぎもせず口もきかなかった。音ひとつしない」。ここでは聖母マリアと、「沈黙と暗がりのなかで、心和むおしゃべりを長々と」[37]するのである。

デュルタルがシャルトルに落ち着いたのは、カテドラルを楽しむためであり、それが沈黙の集積所であることを期待したからだった。最初に訪れてさっそく地下納骨堂に降りたとき、デュルタルの期待は部分的にしか満たされなかった。「わずかずつ、木靴がコツコツいう音が、それから修道女たちの抜き足差し足が聞こえた。静寂が訪れた。それからハンカチで押さえられた鼻が勢いよく吹く音が続き、そしてすべてが鳴りやんだ」[38]。塔の向かい側に位置する仕事場に身を寄せ、カテドラルに取り憑かれたデュルタルには、カラスの鳴き声と、「うちすてられ沈黙した広場で」時を告げる鐘の音しか聞こえない。「田舎の静寂のなかでは」デュルタルによればパリよりも仕事がはかどるのだが、「デュルタルは窓の近くにテーブルを据え、夢想し、祈り、瞑想し、メモをとった」。デュルタルがかなりの間、シャルトルにとどまったのは、カテドラルの沈黙が完璧でないことを惜しみつつも、それ全体がもつ静寂の魅力にひきとめられたからだった。シャルトルを離れることを決めたとき惜しんだのは、「まさにカテドラルのあの静寂、あの孤独(39)」であった。

滞在していた間、デュルタルはサン・ポール女子修道院を訪れる。その静かな回廊には、「三角に折られた白い布のかかる修道女の背中が見え、スカートの上で鍵の束と銅の鎖とがぶつかって、大きな黒いロザリオががちゃがちゃいう音が聞こえた(40)」。

静寂を典礼に結びつけるものについては、簡単にみておこう。あらためていうまでもないことだからだ。デュルタルは、礼拝に拍子をつける聖歌隊の子どものしぐさを述べるにあたって、もちろん静寂を強調する。礼拝は「参列者の卑俗な静寂に吸い込まれゆっくりと続き、聖歌隊の子どもがいっそう慎重にうやうやしく鐘を鳴らした。煙る穹窿《きゅうりゅう》のもとで、ぱちぱちと音をたてる火花が、束になったかのようで、そしてひざまずく少年侍者の後ろで静寂はますます深くなった(41)」。

沈黙のモニュメントを一覧にしたら、とても長くなるし、それを数え上げるのもくだくだしい。牢獄についても事情は同じで、そこでは静寂が重きをなす。エドモン・ド・ゴンクール〔フランスの兄弟作家の兄、一八二二―九六〕は、亡くなるときに失語症であった弟のジュール〔一八三〇―七〇〕の思い出にとりつかれ、小説『売笑婦エリザ』の後半を割き、監獄の静寂によって人間が破壊されていく姿を描いた。アルベール・カミュも『異邦人』の最後の部分で同じテーマに触れる。セナンクール〔(エチエンヌ・ピヴェール・ド) フランスの小説家、一七七〇―一八四六〕のオーベルマンは、パリで感じる堪え難い不安を忘れようと、(国立)図書館に通いつめる。そこでオーベルマンがいうことには、「僕は自分と同じように無言の人たちの間にいるほうが、騒がしい人たちのただなかにひとりいるよりも、安心できるのだ」。図書館のおだやかな中庭は、草で覆われ、銅像が二つ三つ飾られている。「外に出るときには、ほとんど必ずこの静かな庭内に一五分ほど立ち止まる」(42)とオーベルマンは付け加える。

もう一度ジュリアン・グラックの小説『シルトの岸辺』をみてみよう。繰り返しになるが、これは静寂のあらゆる陰影がゆらめく作品だ。鎮守府は、語り手が入営する城塞だが、打ち捨てられた漂流物のごとく沈黙しており、そしてこの沈黙こそが、「高飛車な敵意」の意味するところなのだ。作品中ずっと、鎮守府は人を寄せ付けない。「がらんとしたトーチカの静寂、坑道のように」巨石の「ものすごい厚みに埋もれた廊下の静寂」によって、この城塞は夢のような側面をもつようになる。

この沈黙の心臓は、海図室で脈うち、この場所に作者は幾度となく立ち返る。小説の冒頭では、この場所の静けさは修道院のそれに似て、部屋の内部には「不思議に目覚めている何か」があるようだ。シルトの海図を語り手は何時間も眺めるのだが、そこから「かすかなざわめき」がたちのぼり、「しめきった部屋と、待ち伏せする兵士のようなその沈黙を満たしていく」ように思われる。息苦しいこの部屋のなかで、長年、音なしの敵に、軍艦ルドゥタープル号を差し向け、挑戦しに出かけるという決意が芽吹くのだが、この部屋は「沈黙の水路」のようだ。語り手は、〔司令官の代理でルドゥタープル号を指揮し、敵国ファルゲスタンにせまり砲撃された〕向こうみずな冒険の英雄となって巡航から帰る。不在の司令官の平穏な執務室へと。「ひっそりした静けさ」のただなかへと。そこではいまや心を惑わす海鳴りが聞こえ、「蜂の羽音」のように「外界から隔絶された静けさ」[43]を目覚めさせるのだった。これ以降、鎮守府の部屋の静寂は、そのふところで芽吹いた反逆を反映するものとなる。

場所もざわめきも心には重要だ。どう振る舞うか、何を選択するかということもこれらの微妙な影響を受けるのである。そういう印象がこれほど多くの作家たちの心に残り、作家はそこに飽きず立ちもどるのである。そして空間を想いおこすことによって、自らの心の状態を表現した。自然もまた作家の感覚を刺激し、言葉なき探求を研ぎ澄ましていくのである。

第2章

自然の静寂

自然界の音と静寂

ある種の音は、静けさを鳴り響かせ、同時に空間に奥行きを与えると、モーリス・ド・ゲラン〔フランスの詩人、一八一〇—三九〕はいう。「(そのとき) おぼろげな記憶のかたちをとった思い出は、内なる静寂のなかで語りはじめる」。一八三三年八月一四日の日記には「巨大で微動だにしない、ひとつとして皺のないヴェールが空全体を覆い (…)、この静寂にのって、遠くの畑からたちのぼる音すべてが耳に届く。農民の歌声や、子どもの声、動物たちが繰り返したてる鳴き声、そして時には犬の吠える声 (…)。大いなる静寂が訪れた。そして私は心動かすやさしい無数の思い出の声のようなものを聞く。遠い過去からたちのぼってきて、私の耳元でかすかな音をたてるのだ[1]」と記される。

ルコント・ド・リール〔フランスの詩人、一八一八—九四〕は、光のきらめきを「天の輝く静寂」[2]のようだと感じる。それに対してマラルメは霧が堆積して「大きな静寂の天井」[3]を築くことを願った。自然の事物に静寂を結びつけるより大きな絆を、誰よりも丹念に分析したのは、おそらくヘンリー・デイヴィッド・ソロー〔アメリカのエッセイスト、思想家、一八一七—六二〕だろう。ソローの言葉を借りれば、「人間の魂は、神のオーケストラのうちの無音のハープである」[4]という。森や田園を散歩すれば、ソローは「音は静寂とほとんど同じであることを感じる。それは静寂の表面で、すぐに消えてしまう泡であり（…）、静寂がたてるかすかな調音であり、私たちの聴神経を喜ばせるのは、それによって生まれるコントラストによってのみである。このコントラストに比例して、静寂を高め、強める限りにおいて、（音は）和音に、そして旋律になる」[5]。こうしてソローは結論に至る。「静寂のみが聞くに値する」と。静寂には「土壌がそうであるように、さまざまな深みと豊かさ」[6]があるのだ。もっと正確に意味するところを伝えようと、ソローは干し草が静寂にもたらす効果や、また苔の静けさの組成について分析する。ベイカー農場の納屋に入り込んで、ソローは「かすかな音をたてる干し草」のなかに座り、干し草がたてる音によって、静寂が感じられるようになることをうけあうのである。[7]「マサチューセッツの自然史」においては、苔の秘める美しさをつかむために、苔をじっと見つめると述べる。なぜなら苔の命には「静寂と謙譲が刻印されている」[8]のだから。

ウォールデンの田園の真ん中、森のほどちかくに身を落ち着けると、静寂をあらわにし、静寂をつくりだす、小さな音の群れを分析できるという日々の幸運にソローは微笑む。自然のとるにたらない音、それは鳥や蛙から葉にいたるまでがつくりだすものだが、そうして静寂が破られることがなければ、静寂はありえないのだ。ウォールデンではほとんど静寂を探す意味がない。いたるところにあるためだ。しかし「私たちそれぞれのうちにある〔よびかけを〕超えるもの、あるいはそれ以上のものと、より親密なつきあいを楽しむ」ためには、自分自身が静寂を守ることがぜひとも必要である(9)。

二十世紀には、マックス・ピカートが同じ種類の確信を共有する。「自然の事物は静けさに満ちている。静けさを湛えた貯水池のようだ」とピカートは書く。そのときどきの天気それ自体が、特別な静寂を染み込ませていて、「それぞれの季節は前の季節の静寂から生まれる」のである。冬の間は「静寂は目に見える何かのよう」で、春には静けさのうちに緑が木から木へと伝えられていく(10)。

同じ観点から、一部の人がとらえようとした日常生活の静けさに気を配った映画監督もいる。ニコラ・クロッツ〔フランスの映画監督、一九五四―〕の主張は、美しい映画は静けさをつくるというものだ。そして「静けさをつくる *faire silence*」とは、「黙ることとは全然違うものである」。今日、黙っている映画の数は増えているが、静けさをつくる映画の数は減っていることをクロッツは嘆く。静寂は、「世界がはじまるところ」にあると断言する。しかしそれは人を恐れさせるのだ。[11] ジャン・ブレシャン〔フランスの映画監督、脚本家、一九五九―〕は、自らが望む静けさを、「優しい音の連続体がとぎれないこと、周囲の慣れ親しんだざわめきがとぎれないこと」「一日の単調さがとぎれないこと」であると定義する。ブレシャンにとっては、静けさとは雰囲気であり、目立たず「おだやかで軽やかなで切れ目のない音[12]」なのだ。

夜と静寂

以上の考察は概括的なものだが、ここでより具体的に、自然のなかで静寂が独特の肌理をみせる時と場所の分析に移ろう。最初から重要になるのが、夜と静寂との関係、より正確にいえば夜の空間と静寂との関係である。ルクレティウスは『自然について』において、空間全体に君臨する「夜の峻厳な静けさ」に言及する。十八世紀末には、ジュベール〔(ジョゼフ) フランスのモラリスト、一七五四―一八二四〕はそのような空間を「大きな静寂のテクスト[13]」ととらえた。モーリス・ド・ゲランは、夜の帳がおりる瞬間に言を費やす。そのとき「静寂が夜を包みこむ」のだ。そして風はやみ、雑木林はいっさい音をたてず、人間がだす音が「やむのはいつも最後で、畑のうえに消えていく。ざわめき全体が静まる」。残るは、すべてを覆う夜の静寂のなかで、はしるペンの小さな音のみ。[14]

シャトーブリアンは夜の静寂を月の効用に結びつける。「夜の最初の静けさと、日の最後のささやきが、谷で、森で、川のほとりで、丘のうえで競いあうとき、だんだんに森が静まるとき、一枚の葉も、一片の苔も息をひそめるとき、月が空にのぼるとき、人が耳を澄ますとき(15)」、鳥が歌いはじめ、そうして夜の静けさがあらわになるのは、そのときだ。ヴィクトル・ユゴーはといえば、『静観詩集』のなかで、こう書いている。「私は生き身を傾けて(…)／静寂の秘密を夜にたずねる(16)」。大西洋の向こう側では、ウォルト・ホイットマンが「静寂の華々しさ」を声高にうたい、一切飾りのない静かな夏の夜を、詩人にうなずいて合図をする夏の夜を描く(17)……。

ジョルジュ・ローデンバックもまた、詩集のなかで、夜と月と静寂との関係を繰り返しうたう。それに、「重苦しい静寂のもと」眠る、かのブリュージュの川や運河が湛える水の夜のありさまが加わる。ブリュージュでは、夜が「後悔に苛まれる水に、静けさという宝石をかざる(18)」のである。

ガストン・バシュラール〔フランスの哲学者、一八八四―一九六二〕が強調するのは、夜は耳の反響を増幅し、色の消滅を補うということだ。したがって、聴覚は夜の感覚なのである。形体は夜の空間に抑えられるが、音は静寂にはめこまれ、感知できない形で耳に届く(19)。

二十世紀においては、プルーストが月光にそなわる静寂の構造にふれる。家のテラスで、ルグランダンは影と静寂とを滔々とたたえる。「ひとつの明かり、すなわち美しい夜の明かりにしかもはや目がたえられない時間（…）、月光が静寂のフルートにのせて奏でる音楽のほかは耳が聴こうとしない時間というのが人生には訪れる[20]（…）」。夜の真ん中にこそ、実体につなぎとめられた精神は、目をみはるほどひとりきりで、他とまごうこともなく、安らいで、闇に照らされると感じ、そして「すぐそばで静寂に話しかけられる[21]」とヴァレリーはうけあう。曙光がきざせば、「照らし出されるこの空間に最初におこるざわめきは、いくばくかの静寂のうちからたちあがる」と魂に感じられる。かたや輪郭をとりつつある色と形は「闇のうえに据えられている[22]」。

現代で、月と静寂とを結びつける感覚を、誰よりも鋭敏にとらえたのは、おそらくフィリップ・ジャコテ〔スイスの詩人、作家、一九二五―〕である。夜のただなかで、時に外側で生まれる、完全にちかい静けさに、詩人はまずもって恐れを抱く[23]。一九五六年八月三〇日、午前三時ごろ、月明かりが一筋ベッドにさしこみ、風も、鳥も、車も、一切の音がきこえないほどにまったき静けさがあって、すさまじい恐怖にとらわれる。「沈黙と虚空の不動を前にして」ジャコテはおそれ、「光が登場する」のを待った。それとは反対に、とある月夜には、静寂は夜の空間を定義する別の名前になるように思われる。月は大地を変え、大地はより自由に、より透明に、より親しみ深くなる。月は景色に安らぎと落ち着きを与え、「葉むらの静かな息づかい[24]」まで感じられるようになるのだ。

砂漠の静寂

静寂がことに重要になる特別な空間については、手はじめに、すぐれて静寂の場である砂漠からみていこう。砂漠の教父たち〔砂漠で生活した初期キリスト教の修道士〕の経験については、もうすこし先でふれることにする。残念ながら、この件について、神の探求のそれ以外には、砂漠を前にした教父たちが抱いた感懐を知ることのできる証言がない。それとは反対に、十八世紀以来、砂漠の静寂に対面した個人の心の動きを教えてくれる文献ならば、有名なものがある。たとえばフランスでいえば、シャトーブリアン、ラマルチーヌ〔(アルフォンス・ド・)フランスの詩人、政治家、一七九〇—一八六九〕、フロマンタン〔(ウージェーヌ)フランスの画家、作家、一八二〇—七六〕、ネルヴァル、フロベール、それから両大戦間期には、冒険を求める旅行者たちや、砂漠を植民地化する担い手たちが大勢いたが、その人たちが、この空間にうもれていたときにおぼえた感情を伝えた。

「オリエントを耳で」理解したシャトーブリアンは、オリエントを、専制主義から生まれた嘆きの大いなる沈黙と表現する。(25) この政治体制は、人と世界とを石化してしまうと、シャトーブリアンには思われた。コンスタンチノープルにはすでに、たえまない静寂があった。四輪馬車の音も荷馬車の音もまったく聞こえない。鐘の音も、槌で働く音もほとんど聞こえず、「周りに見えるのは、ものいわぬ群衆だ」。これに旅するシャトーブリアンが想像する、王宮の沈黙が加わる。絹糸で首を絞める死刑執行人もまた無言だ。オスマン帝国では沈黙が生き残る条件なのである。アレクサンドリアも「非人間的に静か」だった。シャトーブリアンは、ギリシアをめぐったときにはすでにそこで、専制主義オリエントの沈黙を感じとっていた。いわく「スパルタの廃墟が私の周りで沈黙する」。そこで沈黙は、古代ギリシア精神の死と、隷属とを意味する。要するにシャトーブリアンの目に映ったオリエントは、同時に「捨てられ、忘れさられる」(26)おそれのある世界だったのである。

砂漠という道具立てを支配するエルサレムで、旅するシャトーブリアンは、専制主義から生まれるのとは対照的な沈黙に、別の意味を与える。ユダヤでは「奇跡に動かされる土地（…）、砂漠が、不安のためにいまだ無言であり、そして神の声を聞いて以来、あえて沈黙を破ろうとはせぬようだ」(27)。ここでは砂漠は何よりも神の言葉が聞こえる空間なのである。砂漠の沈黙は、服従や、専制主義が課す重荷ゆえの沈黙ではなく、言い表わすことのできない神の存在のしるしなのだ。最後の審判のトランペットや、新しいエルサレム〔ヨハネの黙示録で記述される神の都〕に響く音に先立つ静寂への予感なのだ。

以上のイメージと感覚とを通じて、シャトーブリアンが伝えるのは、砂漠という空間の特殊性だ。無垢で、核心がなく、無定形で、規範もない砂漠は、無機質で、巨大で、完全に不毛で、空虚なもので成り立つが、普遍的な夢想に活力をふきこみ、無限という感覚を授けるが、同時に、「暗示的で隠喩的な」神の表象であるために、死に至らせしめるものという強い印象を与える。(28)

ギー・バルテルミー〔フランスの文学研究者、一九五九―〕は、ラマルチーヌの砂漠にまつわる、神の存在の痕が色濃い、さまざまな作品に、空間の無限を表現しようとするロマン主義者らしい性向があると指摘する。ここでは往々にして、崇高の美学が砂漠の描写をかたどる。「同胞から徹底的にへだたるなかに、人に真正さを発見させる浄化装置、自己を再発見させる装置」たる砂漠。それゆえに、ここでは静寂がきわめて重要なのである。(29)

かくて静寂と孤独にあって
群衆よりも砂漠が私には好ましい。
おお砂漠よ！　天よりこだまの来たる偉大な空無よ！
人の子の魂に語りかけよ、この広大なイスラエルに。（…）
この陰鬱な砂漠で向かい合い語らうこと
永遠と、力と、空間と。
三人の無言の預言者、信心にみちた沈黙、（…）

言葉なくして語る霊の明白。

才能で劣るが、フェリシアン・ダヴィッド〔フランスの作曲家、一八一〇—七六〕が、コラン〔(オースギュスト)十九世紀フランスの政治評論家、記者〕の詩で作曲した交響的オード『砂漠』で伝えるのも同じものだ。

砂漠では、ものみな黙る。なれど、おお神秘よ、
この静けき平穏にあって
もの思う孤独な魂は
美しい調べの音を聞く
永遠の静寂のえもいわれぬ和音を[30]!

ギー・バルテルミーが強調するところによると、砂漠の中心で、「無限が示され、そしてこの啓示から沈黙が生じる。まずは空洞を、非実体化する世界を表わすものとして、それから、逆説的かつ撞着語法的に、一言でいえば神秘的に、この無限の神秘へと至る道として」。魂は「永遠の静寂のえもいわれぬ和音」にひたり、そこでは「砂のひとつぶひとつぶが声をもつのだ[31]」。

フロマンタンは砂漠を知悉しており、もちろん砂漠を感じとり、自身の絵で伝える通りであるのだが、私たちの関心があるところでは、『サハラの夏』で静寂が最も大切になる感覚世界を読者に描いてみせる。「虚無という空間の広がり」があり、そこは「消滅の美学」が働く場所なのである。

ギー・バルテルミーは沈黙の特質を見事に定義している。この広大さのうちでは、あらゆる感覚は変調をきたし、「沈黙もまた大文字の他者として現われるのである」。そこでは「沈黙を音の反対物とみなすことはもはやできないが、ただちに内面化される、現実世界の別の次元へと誘い（…）、現実との新しい関係をもたらす、ある状態を沈黙にみるようになる[32]」。

砂漠がもつ空無は、「空前絶後の感覚を湛えた、汲めどもつきぬ貯水池」であり、「味わったことのない限りなく小さな音の世界へと開ける」。つまり広大な砂漠が逆説的に限りなく小さなものへと誘うということだ。フロマンタン自身が、「静寂はこの人の気配のない空虚な国のもっとも繊細な魅力のひとつである[33]」と断言する。静寂はまさに空虚から生まれ、濃密になり、その濃密さが霊的な解釈をさせるからだ。砂漠で音は静けさのなかに消え去る。静寂は砂漠で感動する心の本質的な与件なのである。

『サハラの夏』にはあふれんばかりに静けさの描写がある。フロマンタンがパリに住む友人に宛てて書いた箇所には、ジェルファ〔アルジェリアの都市〕で「私の周囲の静寂は大きい。静寂は魂に平衡をもたらしてくれるのだ。君の知らない平衡だ。喧騒を生きてきた君はね。静寂は魂を苦しめるどころか、魂を軽やかな思考へとさし向けてくれるのだ。闇が光の不在を表わすのと同じように、静寂は音の不在だと思われている。これは誤りだ。聴覚を視覚になぞらえてよいのならば、この大きな空間に広がる静寂は、むしろ大気の透明さのようなもので、そのおかげで知覚がもっと明瞭になって、味わったことのない限りなく小さな音の世界が開かれ、いわくいいがたい喜びの大きさが、明らかになるのだ[34]」。

砂漠では、変わらず同じ静寂が、「天から事物に降りたかのようなある種の無感動」がある。砂漠では常に「最も深い静寂へと[35]」進んでいくという指摘は重要だ。

フロベールは、エジプト旅行の際に、静寂に注意をはらって分析することはしなかった。フロベールの旅行記において、静寂がしめる場所はほとんどなく、せいぜい九箇所があげられるだけだ。『エジプト旅行』の描出は、視覚的で、嗅覚的で、触覚的だ。静寂があげる効果は書かないということこの拒絶に対し、研究者たちは答えを探す。ピエール＝マルク・ド・ビアジ〔フランスの文学研究者、一九五〇―〕によれば、フロベールの関心は別のところにある[36]。フロベールの場合、砂漠はまず体で受けとめるのだ。それは感傷を投影する場所ではなく、そこで意図的に表現も最低限にとどめられているのである。

二十世紀において、砂漠とその静寂の経験を語った人々のうち、最良の例は、おそらくサン＝

テグジュペリである。サン゠テグジュペリは「砂漠には整然とした家のような深い静寂が君臨する」[37]と記す。飛行機でそのうえを飛ぶとき、「エンジンは密度の高い音」をたて、「その音だけが存在し、その背後には静寂のうちに映画のごとく風景が過ぎていく」[38]。飛行士が経験したなかで、もっとも強い沈黙は、電話線のそれで、飛行機とパイロットが失われたことを意味するものだ[39]。

山と雪の静寂

山への関心は、海への関心とともに、崇高という規範の高まりに一致して、十八世紀に広まった。旅行者の経験や旅行者が想像する世界のうちで、もちろん山は岩や石や雪や氷に結びついているが、それにとどまらず、静寂にも結びついている。ソシュール〔（オラース・ベネディクト・ド）スイスの地質学者、言語学者フェルディナンドの曽祖父、一七四〇―一七九九〕は『アルプス旅行記』において、夜の訪れに、山上の「休息と深い静けさ」とをたたえつつ、「恐怖めいた」[40]ものにとらわれたことを打ち明ける。

セナンクールのオーベルマンは、フリブールに滞在中、「地上の不確かさ」があるときに聞きたいと望む、「静寂の音」[41]を見いだすことができない。少年時代にはもう、オーベルマンは「限りない欲求」を感じていて、それで「沈黙のうちに憔悴したのだった」[42]。しかしアルプスを発見し、そこに予感してきた自然を認める。「山小屋の静けさ」に、月影に、「僕はもうひとつの世界の音を聞いた」(43)とオーベルマンは記す。「静寂のただなかで、生い茂った木々のうしろをかすかに流れる早瀬」のほかは、すべてが閑としていた。憂愁を生む印象は、この音のない状態に関わるものだ。「僕たちの人生は」滝から水が流れるように、「静寂から漏れてくる」(44)。山のなかでは、峡谷も黙している。これからもずっと黙しているのだろう。そして「明日には地上のすべてがおしまいになりうる」(45)という思いが心にきざすのだ。

とはいえ、こうして抱いた印象から、オーベルマンが思いつくのは一連の讃歌だ。山の静けさを、静かな小川を、「大いなる谷」の「荘厳な沈黙」を、夜には闇の真ん中に落ちてくる沈黙を讃える歌である。そして滝の音が、山々の頂や氷河の……そして夜の「永続する静寂」を逆説的に高めるようだと、オーベルマンには思われるのだった。山中では他にも、質素な花が二つあり、「いうなれば沈黙していて、ほとんど香りはないが、言葉を失うほど僕の心を奪うのだ」とオーベルマンは語る。それは野に咲く矢車菊と、特に雛菊、すなわち「野菊」(46)である。

フィクション作品を別にしても、十九世紀を通じてずっと、やはり同じように山の静寂が高く評価されており、うんざりしかねないほど繰り返される。十九世紀の終わり頃、ジョン・ミュア〔スコットランド出身のアメリカの博物学者、一八三八―一九一四〕は、とりわけシエラネバダ山脈の疲れをしらない探検家であるが、シャスタ山登山の折、牡丹雪が降り、音もなく乾いた大気に積もるさまを語る。「おだやかな夜、山にひとり横たわり、空から音もなく届く、ささやかな言づての走りの感触に接するのは、記憶にのこる経験だ。こんな繊細さは誰しも忘れられない」[47]。
このテクストに導かれるままに、山の静寂を、雪の静寂へとつなげよう。すなわち「眠りへと誘うやさしき女《ひと》」、ローデンバックが「静寂という思いの深い妹」と名付けるそれで、内面世界へと引き退くのを助けてくれる。ローデンバックは次のように書いている。

雪は豊かでいて
寡黙だ。私たちの
望むことは何もかも打ち明けられる
それは信頼のおける腹心の友[48]。

ゾラは『愛の一ページ』において、その最も美しいテクストの一つを届ける。それはランボー夫人が娘の墓へ、黙祷を捧げるため訪れた墓地に降る雪の静けさを描いたものだ。「けがれなきこの雪はとめどなく滑り落ち、濃さを増していき、空気に浮かんだ薄絹が一糸ずつほどかれていくようだ。そよめきすら聞こえない。(…)雪片がひとひらひとひら、休みなく、無数に積もっていった。その静けさには、花びらの散る音が大きく思えるほどだ。空に歩む音も聞かれず動くこの群れに、この世も人生も忘れ、至高の安らぎが訪れる」[49]。

プラトンの『エウテュデモス』において、ソフィストがその対話者と交わす不毛な論争のひとつは、何によって沈黙と言葉とが対比されるのかという主題である。結論は、事物、特に石は、黙しているが、話しもするというものだ。したがって、物質化された、饒舌な沈黙であるといえる[50]。

ミシュレ〔(ジュール) フランスの歴史家、一七九八―一八七四〕は、山に寂しさやわびしさこそ、求めていたものの、実は耐えがたい静けさは予想していなかったという。「岩しかない。大いなる静寂(…)。道は陰気だった」。この空間のなかでは、「浸食がただただ静寂のうちに進み、ある朝、何もかも剥がれて、醜いむきだしの姿で現われ、そこにふたたび何かがよみがえることはないのだ[51]」。自然の静かな業《わざ》は、山では破壊によって完成し、浸食には「善行をなす望みも力もない」が、それに対し南の海では、「無数のサンゴ類の静かな業」は、私たちが住みつくかもしれない未来の大地を築くのである[52]。

海と森の静寂

海もまた、静寂の縄張りであるが、その肌理は独特なものだ。シャトーブリアンが『キリスト教精髄』に書くところによれば、「私たちは凪の海を愛し、深淵の静寂に感嘆する。なぜならその静寂はまさに、海の深さから来たるものだから」[53]。ジョセフ・コンラッド〔ポーランド出身のイギリスの小説家、一八五七―一九二四〕は『陰影線』を読む者に、南洋における大凪の悲劇と、そのおそるべき静寂とを克明に感じ取らせる。この静寂は、熱帯地方では、「世界の圧倒的な静止[54]」と調和するのである。絶望の写し鏡だ。船上では、何時間もかすかな音すら聞こえず、船長は、この大凪に、この船の終わりと死とを予感する。「時がきたら、船にかかるわずかな星の光も闇に飲み込まれ、そよともいわず（…）、こそともいわず（…）、あらゆるものの終わりがくるだろう[55]」と船長は考える。

船の操作も一切の音なくおこなわれ、まるで水夫たちは、すさまじい無気力にのみこまれた亡霊にすぎないかのようだ。この完全な静寂は、完全な静止と調和する。ある時には、死ぬほどの無風状態が「あまりに重く、甲板にピンが落ちてもその音が聞こえただろう」。その一方で船の周囲にあるのは、「海の無気力な沈黙[56]」であり、言下に地獄を暗示するものだ。地獄のイメージは、幽霊船というテーマを繰り返す、この小説の基調色でもある。

アルベール・カミュは『間近の海――乗船日記』において、沖合で、夜、ネズミイルカが去ると「原初の海の静寂と苦悩とがのこる[57]」としたためる。しかしこの不安な気持ちは、ティパサ〔アルジェリアの都市〕のある夜明けを思い出させる感情とは異なる。カミュは書く。「この光と静寂のなかで、ほとんど忘れていた音が心のうちに聞こえた（…）。いまや目が醒めて、静寂を作りあげる、かすかな音をひとつひとつ、それと認めた。低音部をうたう鳥の声、岩壁によせる海の短くかすかなささやき、木々のふるえ、〔遺跡の〕柱のめしいた歌、ニガヨモギのかすかなざわめき、こそこそ動くトカゲ。これを聞き、自分のうちにせりあがってくる幸せの波の音をもまた聞いた」[58]。

カミュが耳を傾けた、海沿いの森が記憶をよびさます力は、森の中心部にもみられる。マックス・ピカートによれば、森は「静寂の大きな貯水湖のようで、そこから静けさがゆっくりと空気に流れだす。（そこでは）空気が静けさで澄んでいる」[59]。シャトーブリアンが記すのは、アメリカの夜で、日が消えかかる頃、「静けさに静けさがたたみかけるようだ」。「私はむなしくも、万物の墓に、生命を明るみにだす音を聞こうとするのである」[60]。一本の木が倒れ、森という森をうならせた後、その音は「架空といっていいほど遠くへと消えていく」。午前一時に、風が音を目覚めさせ、「大気の音楽が再開する」[61]。それからシャトーブリアンはおそらくは想像のかりたてるままに、南仏の焼けつくような暑さにある森の、深い静寂を感じさせる強力なイメージを思う。そこで蛇がその鈴を響かせメスを呼んだ。「この愛の合図が、そのとき旅人の耳をうつ唯一の音である」[62]。

ヘンリー・デイヴィッド・ソローが森のなかで味わった心の動きに戻ってみよう。もっとも強かったのは、植物の芽生えがもつ静寂を感じたことによって引き起こされた感情である。冬に、凍りついて大地が乾いた薪のように音をたて、「氷が木の上でだすカタカタという音はやさしく流れていて」そして「もやが静かにあがっている」。森では、罪が清められて、自然が「静寂のうちに、あるべき姿をいきわたらせるのだ」[63]。ヴィクトル・ユゴーはといえば、夏を、森のなかで「苔のビロードのうえで静寂が眠る」[64]ときを好んだ。

エミール・ムーランは、無名ながら静寂を分析した人で、シュリ・プリュドム〔フランスの詩人、一八三九―一九〇七〕が著した『孤独』から引用する。

ゆえに森もまたおのれのやり方で口をつぐみ
夢がさしむけた目にはおぼろげに映る
この静けさのうちに音の魂がさまようのが感ぜられる[65]。

ジョン・ミュアは、巨木を調査し強く心を動かされ、カリフォルニアのセコイアについて詳細に述べる。はるか遠い時代からやってきたこうした木々は、人間を近づけない。風にしか話しかけない。空にしか思いをよせない。何も知らない様子で、「孤独に、寡黙に、心静かに」[66]立っている。

一九二〇年、ロバート・ワルザー〔スイスの作家、一八七八―一九五六〕は樅の木の森を散歩中、そこに「幸福な魂や、神殿や、魔法の城や、あるいは奇想天外な夢の宮殿、およそ百年もの長い歳月にわたって、すべてのものが眠り沈黙する、眠れる森の美女の城と同じ静寂（…）」が満ちているのを感じる。「森のなかでは、すべてがかくのごとく荘厳で、うっとりするような幻が森自身をとらえ、鋭敏な散歩者をとらえる。この森のやさしい静けさが、どれほど私を幸福にすることか！」ここでは、二、三のかすかな音は、ただ「静寂の支配を強めるのみで、私はこの静けさをがむしゃらに吸い込み、その効能を飲む。文字どおり舌を鳴らして飲んだのだった[67]」。

田舎の静寂

ここでようやく、もっとも一般的な空間をみてみよう。どこよりも頻繁に歩きまわり、どこよりも一番静寂が繰り返し語られ、どこよりも平凡な空間、すなわち田舎という空間について述べたい。田舎の静かな散歩というのは、自己を語る文章や小説や抒情詩の定番である。十八世紀の終わりには、野原の小道にそって広大な領地を散歩することが習慣になり、イギリスの女性作家たち、ジェーン・オースティンやブロンテ姉妹にジョージ・エリオットは、散歩の感動をこまごまと物語ることを好んだ。たとえばアン・ラドクリフ〔イギリスの小説家、一七六四—一八二三〕が『ユードルフォの怪奇』に登場させるセント・オーバートは、毎晩、家族をともなって、小さな釣り場を目指して田園を散歩する。「休息の時間に、（…）静寂と暗闇とに挨拶しに」いくのである。[68]

〔シャトーブリアンの『ルネ』において、〕ルネは姉のアメリと一緒に出かけた田野での散歩を物語り「秋のひそやかな唸りや枯れ葉の音に耳を傾けながら時には僕たちは黙って歩いた」と述べる。日曜日ごとに、「楡の若木の幹によりかかり、敬虔な（鐘の）音を黙って聞いていた」と打ち明けるのだ。[69]フロマンタンのドミニックは、田園にその静けさを取り戻す一〇月を味わう。

歴史家のギー・テュイリエ〔一九三二―〕は十九世紀に、〔フランス中央部の〕ニヴェルネ地方を覆った静寂について研究した。これは断続的に聞こえ安堵をもたらす音を待ちかまえる静寂で、その音によって、農業や田園の営みが、正常におこなわれていることがわかるのだった。[70]この時代には、耕作の歌が音の景色の主要な要素であったが、その目的は、周囲の静寂を破り、骨をおって働く人たちがいることを証明するというものである。夜のまったき闇にあって、田舎の孤独のなかで、静寂を破ろうとすることにはまた、安堵をもたらすという目的もあった。

ヴィクトル・ユゴーは『内心の声』〔の「オランピオに」という詩〕でオランピオを「静かな田園／踏みにじられない草の無垢」[71]に結びつける。そして『静観詩集』に発表された木々への讃歌においては、木々に耳を傾け、問いかける詩人が、木々は静寂に満ちていると語る。[72]

本書の主題にそえば、荒地はもちろん〔静寂の〕原型ということになる。バルベー・ドールヴィイは、読み手に〔フランス北西部の〕レセの荒地における静寂の激しさや特徴を感じさせる。夜には、静寂の広大な覆いが荒地をすっぽり包み、盗賊に襲われて「人が叫び声をあげたとしても、すべて無にされてしまったろう」。語り手は、案内役とともに荒地を夜に行き、二人とも黙していたが、こう打ち明ける。「このあふれんばかりの霧と暗闇のなかで、もっとも私の心を打ったのは、重苦しい大気の陰鬱な静寂であった。見通すことのできないこの地帯の広大さは、静寂の深さから明らかだった。この沈黙は、心と思考とにのしかかり、この荒地をめぐる間、一度たりとも乱されることはなかった。（案内役の）テヌブーイ親方は、この荒地が世界の終わりに似ていると言っていた。ただ、直立で眠っていた何羽かの鷺が、私たちが近づいたために飛び立ち、その羽の音だけが例外だった[73]」。そして『妻帯神父』においては、カリクストの埋葬の後、「沈黙がふたたび空気にただよい、田野を掌握した[74]」とバルベーは書く。

街の静寂

砂漠に近いオリエントの都市について、また街の静寂を喚起する極端な例である、ブリュージュの貴族的な家並みについては、すでにみた。しかしブリュージュの家並みについては、ブリュージュに関して述べられることを粗描したにすぎない。ジョルジュ・ローデンバックによれば、街の胎内で、静寂が、すでにみた通り、貴族的な家並みの沈黙に結びつくのと同じように、夜に、古い桟橋に、運河や川の水にも結びついている。「無色の静寂の道[75]」がブリュージュの街の心臓部にひかれ、そして「別れのつまった川は（ここでは）死んだ女の物言わぬ長髪のように、生気がない[76]」。

（ベルギーの街では）感ぜられる、冷たく
一律の静寂がただようのが。
弱々しく倦み疲れても（…）独裁的で、
ごく小さな、ほんのわずかのざわめきさえも
動揺をうみ、異様な事態に思われる
眠る病人のかたわらの笑い声のように。

静寂は本当にそこで明かされるのだから！　静寂は支配し、
横柄で、伝染する。
そして通行人のうちでももっとも粗野な者が静寂を吸い取る
敬虔な場所で香を吸い込むように。

ああ！　街よ、大いなる単調な静寂よ（…）
静寂はかくも広大で冷たく、私たちは驚くのだ
周囲の虚無に耐えておのれで生きながらえようとは。(77)

一方、明らかにいささか肌合いの異なる静寂をさしだす都市もある。十九世紀フランスの小説家は好んで読者に、地方の小さな街、多くは司教座都市の静寂を感じさせる。バルザックは、過去の世紀の象徴である、静かな地方の街というテーマに手をつけた。こうした街は、活気がなく、おのが歴史に取り憑かれ、近代の流れの外にいるのだ。たとえば、『ベアトリクス』冒頭部の舞台である、〔フランス北西部の〕ゲランドは、その母型と考えられる。バルザックが幾度もほのめかし、語る静寂は、街の描写にも、デュ・ゲニック家の描写にも、そこに住む老人の人物描写にも染み込んでいる。ゲランドに足を踏みいれるとすぐに、静寂にうたれる。「画家や詩人なら、腰をすえて、心ゆくまでこの深い静寂をかみしめるだろう。静寂は城壁門のまだ新しい丸天井の下に行き渡り、この街の平和な暮らしからは少しの音も流れてこない。（…）この街は、体に及ぼす鎮静剤の効果を魂にもたらし、ヴェネツィアと同じくらい静かなのである」。デュ・ゲニック（あるいはゲニック）家は「じめじめして薄暗い静かな路地の奥」にある。年老いた主人は口をきかない。なぜなら「沈黙はブルターニュ人がもつ性格の特徴のひとつな

のだ。(…)この深い沈黙は確固とした意志のしるしなのである」。岩と同じ性質だ。六時にはじまる夜の間、休まず編み物をする、家主の八十代の姉がつかう「編み針の音さえ聞こえるほど静寂は深くなった」。デュ・ゲニック家を訪問した司祭が辞すると、司祭の重い足音が聞こえる。司祭の足取りは、「街の静寂のなか、司祭館の扉が閉まる音が鳴り響く(78)」ときまでやまない。

『人間喜劇』においては、カテドラルの周囲に身を丸める、司教座都市がこうした静寂の街を具体的にみせてくれる。トゥールで、ビロトー司祭が住むのは、司祭の目には豪華な部屋で、聖歌隊学校通りのつきあたりにある家屋の二階だった。この通りは、陽が当たらず、じめじめして、寒々としており、「いつも静寂に包まれ、それを破るのは教会の鐘か(…)あるいはコクマルガラスの鳴き声だけであった」。この住処で司祭は、書斎の「静寂と平和」を高くかっていた(79)。「静寂、冷たさ、無為、エゴイズム」がバルザック作品に登場する地方都市の特徴であると、ニコール・モゼ〔フランスの文学研究者〕は書く。そしてビロトー師のような登場人物は、場所と調和しているのだ(80)。

バルベー・ドールヴィイの読者なら誰でも、『デ・トゥーシュの騎士』の冒頭に描写された、夜、「八時半」の鐘がなったとき、ヴァローニュの広場に広がる静寂の手触りを、記憶にとどめている。「ひきずるような二足の木靴の音がし、恐怖のためか、悪天候のためか、おぼつかない足取りながら、急いでおり、その音だけが、ひとけのない陰鬱なカプサン広場の静寂を乱すのだった」。広場はまるで絞首刑がおこなわれたばかりの「首吊り原」そのもののようである。[81]

二十世紀についていえば、いま一度ジュリアン・グラックの『シルトの岸辺』に戻って、そこでほのめかされる都市の静寂を詳しくみるのがよいだろう。そうした都市は、真に「静寂の迷宮」であり、その静寂はペストのようで、衰退のようで、悪い兆のようである。アルドーが宮殿を出て歩きまわる、眠りこける都、オルセンナの夜の街路に満ちた、不思議と形容される静寂のなかで抱いた感覚を描写して小説は終わる。「夜の静寂のなかで、むき出しの壁の向こう、下町からかすかな音が、ときおりたちのぼってくる。水の流れる音、遠くで遅ればせの馬車が走る音。そうした音は、寝つけぬ夜のため息や身じろぎのように、あるいは夜の冷気が砂漠の岩を収縮させ、不規則にたてるカチカチという音のように、はっきりと聞き取れるものの、不思議なものであった」[82]。この描写は、ピエール・サンソ〔フランスの人類学者、作家、一九二八―二〇〇五〕が、現代のパリはブルトゥユ大通りについて述べることと、極端に対照的だ。そこは通りの豪華さと、良質な静寂がかもしだす快適さに包まれているという。[83]

遺跡の静寂

遺跡における静寂の特殊な性質を強調する証言も数多い。遺跡の静寂はそれだけで、遺跡がいまにまで伝える過去へと没入させずにはおかない。シャトーブリアンはパルミラの遺跡を「静寂の住処」と名づける。それについて「その沈黙ゆえかくも神秘的な死、不死の事物に触れるがために、かくも詩情をそそる死[84]」を思い出すのだ。マックス・ピカートの目に映るスフィンクスは「沈黙がもっとも強力であった時代にさかのぼり、変わらず今日まで、沈黙がいっさい消えてしまった後でもそびえたつが、音の世界に今にも溶けてしまいそうだ」。ピカートは加えて、エジプトの彫像は「完全に沈黙に服従させられ」、「沈黙に囚われている[85]」と述べる。

しかし、「耳にきこえる遺跡」と呼べるものをシャトーブリアンに教えるのは、いくつかのモニュメントである。〔スペインの〕エル・エスコリアル修道院の静寂、ポール・ロワイヤル修道院跡の静寂、〔フランス北部の〕ソリニーの静寂という、三つの深い静寂のありさまや、それを想起することが「耳にきこえる遺跡」なのだ。たとえばシャトーブリアンは〔ソリニーにある〕グランド・トラップ修道院〔現ノートルダム・ド・ラ・トラップ修道院〕に「かつてあった池の静寂」をほのめかそうとする。もはや誰も二世紀前にそうであった池の姿を、知ることも、味わうこともできない。それをシャトーブリアンは感じ、口にする。一八四七年ではなく、十七世紀のただなかには、「真夜中の静けさと同じ静寂が真昼にあったのである[86]」。

それでも、ソリニーはシャトーブリアンによれば、過ぎ去りし静寂を見つけだせる、特別な場所だ。たしかにそこでは耳が桁外れに感度を高める。ここでは考古学のような手順で、静寂と音とを復元することができるのだ。なぜならここで現在の何かしらの感覚が、遺跡として位置づけられることになるからだ。とはいえ、再現しようという試みは大変難しいことがわかる。十九世紀における沈黙には、直近の歴史がつきまとう。静寂の影響力は見直され、解釈し直され、新たな社会的意味をまとい、新しい形の感受性を伝え、静寂に与えられる意味は変容した。近い過去にまつわる一連の記憶が、かつての静寂を理解したり想起したりする邪魔をするのだ。

これとは反対に、ヴィクトル・ユゴーは未来を予想する。『内心の声』でユゴーは三千年後の破壊されたパリの光景がどのようなものであるか夢想し、この廃墟をとりまく静寂の性質を想像しようとする。パリをのぞむ丘に腰をおろしたひとりの男を思い描く。

おお神よ！　なんと悲しげで静かな眺めでもって
かつてパリであった場所は御目を驚かすことか(87)！

第3章
沈黙の探求

十六世紀における瞑想と沈黙

沈黙の探求は多種多様で、古くからあり、普遍的である。全人類史に浸透しているのだ。ヒンドゥー教徒、仏教徒、道教信奉者、ピタゴラス主義者、もちろんキリスト教徒、カトリックおよびおそらくそれ以上に正教徒は、沈黙の必要性と効用とを感じてきた。そのうえ沈黙は聖なるものの領域、宗教の領域を超えて必要なのである。したがって、私にはこれほどの多様性を説明しうる力量はない。それでも、西洋において沈黙の歴史の根本にある、こうした対象を完全に無視することはできない。十六世紀および十七世紀におこなわれたいくつかの探求で満足することにしよう。それ以後、沈黙を求めた人々にとって、陰に陽に参照項となった探求だ。

沈黙は、この時代、神と結ぶあらゆる関係の必要条件である。瞑想や内なる祈祷、もっといえばどんな祈りにも、沈黙が求められる。修道院の伝統によって、古代より瞑想が伝えられ、十六世紀に修道院の外にでて、その時から俗人も手にすることができる、内面の規範となる。この起源に、古代ギリシアの倫理学が加わる。たとえばセネカ、マルクス・アウレリウスのそれで、当時ユマニストたちが親しんでいた。かくして気晴らしと戦うこと、注意を集中すること、厳密に沈黙に従属した、瞑想による探求が絶賛されるようになる。沈黙による内なる祈りが大衆化するにいたるこのプロセスを、マルク・フュマロリ〔フランスの歴史家、一九三二―〕はみごとに描いてみせたが、それは沈黙の歴史の核にあるものだ。

一五五五年にはすでに、イエズス会士バルタザール・アルヴァレス〔一五三三―八〇〕が、『沈黙による内なる祈りの手引き』を著した。アルヴァレスによれば、*oración de la presencia de Dios*「神の御前への祈り」によって、「沈黙の祈り」に達することができる。「そのとき、心のうちで、すべてが沈黙し、沈黙は何にも乱されず、その沈黙のうちでは、導き、啓示によって示される神の声のみが聴こえる」。それゆえに「沈黙と平安のうちに(1)」神を迎えねばならないのである。

ドミニコ会修道士ルイ・ド・グルナド〔一五〇四―八八〕は内なる祈りの方法を提唱し、シャルル・ボロメ〔ミラノ大司教、一五三八―八四〕にも、オラトリオ修道会の設立者であるフィリップ・ネリ〔一五一五―九五〕にも影響を与えた。その方法とは「キリストの公生涯における行いを視覚的、感覚的に描写した」「沈黙せる内なるタブロー」を内面に描くというものだ。「(その時から)罪びとである我と聖なる光景との間に真の対話が成立する」。そしてキリストとタブローの他の登場人物は、身振りや視線によって「無言のうちに内省せよとよびかける」。こうした内なる祈りは、ルイ・ド・グルナドによると、たえず繰り返されることによって、「無言の動き」という行為の型を生み、あらゆる行いに浸透するようになる(2)。

いずれにしても、この時代に最大かつ深甚な影響をおよぼしたのは、イグナティウス・デ・ロヨラ〔一四九一―一五五六〕の思想であることに変わりはない。ときにロヨラの教えは沈黙に基づく。「神はその御業を満たし、鍛え、完成させたもうが、それはすべて創造主と被造物との間に生ずる沈黙においてのみ、なされうる」。「創造主に、神に近づき、至る者」、この者は、沈黙を生きるのである(3)。

カタルーニャのマンレザに落ち着くと、イグナティウス・デ・ロヨラは毎日七時間、内なる祈りをおこなう。そして食事の間に他の人たちと席をともにするときには、決して話さず、けれども耳を傾け、会食者たちの言葉によって、食後にまた神と交わす対話をいきいきしたものにするのである(4)。

霊操とは、ロヨラにとって、瞑想し、祈り、自分の信仰を吟味し、「場所を観想する」やり方である。それには沈黙が求められる。「夜半の実践」では沈黙はごく当然である。沈黙のうちにおこなわれ、想像力を働かせるこの実践が理解できる例をあげよう。ロヨラが記すところによると、私たちが食事をするとき、「それを私たちの主イエス・キリストが弟子たちと食べ物をとっているかのように思いなすのです。主イエスがいかにして食べ、飲み、見、話すのかを考えましょう(5)」。

祈祷のやり方にまつわる長い一節で、イグナティウス・デ・ロヨラは、悪霊がかきたてる不安に打ち克ち、慰めに至るために、どのようにして呼吸に言葉をあわせるのか、具体的に指示する。事実、「悪霊は、騒々しく衝撃を与えつつ魂に入り込む」のに対し、善良な天使は、そっと「沈黙のうちに(6)」魂に滑り込むのである。

神秘家たち

こうして〔内なる祈りの次には〕、神秘家たちについて考えることになる。十字架の聖ヨハネ〔スペインの神秘家、詩人、聖人、一五四二―九一〕は、神のうちに安らぎと静寂を得た、清澄な夜を定義しながら、神秘の発露における沈黙の重要性を強調する。「前述の夜の安らぎと沈黙のなかで、そして神の光を覚えながら、魂は神とのある種の交感を（…）見つける」。崇高な音楽の響きが生まれ、それは「世界中のありとあらゆる合唱、あらゆる調べに優る」。そしてこの音楽を魂は『黙楽』と呼ぶ。なぜなら（…）穏やかで平安で、声もなく知るのであり、かくして音楽の優しさと沈黙の安らぎとを味わう」。「この音楽が感覚や自然の力からみれば無音であろうと、魂の力にとっては、音にあふれた静けさなのである(7)」。

さらに先のところでは、十字架のヨハネは「神のかくされた神秘の叡智」を観想することの恩恵を説明する。「言葉の音もなく（…）夜の安らぎの沈黙にあって、感覚されるもの、自然のものには何も気づかず、神が魂を導く[8]」。一言でいえば、霊の静寂は神が魂に訪れるために必要な条件なのである。沈黙によって「理性や言語の活動はすべて無化され、そして神の言葉を直接にうけとることが可能になる[9]」。

沈黙と神秘主義に関しては、アヴィラのテレサ〔スペインのキリスト教神秘家、一五一五―八二〕の体験や著作について、とりわけテレサによる「魂の城」の描写についても、述べられることは多いだろう。テレサによれば、夜の瞬間に、沈黙のなかで「魂の耳」を通してのみ、神に到達することができるという。

カルトゥジオ会、別名シャルトルーズ修道会の規則は沈黙と孤独とを基礎とし、特別な書物を通じた修養をもって仕上げとする。それによって「心から、魂をあげて、持てる力のすべてで[10]」神によりそう（*inhaere*）ことができると、ジェラルド・シェ〔フランスの歴史学者、一九四七―〕は書く。規則やカルトゥジオ会の〔白色の〕修道衣にみられる外的な沈黙は、内的な沈黙、すなわち精神（*mens*）と心（*cor*）の沈黙に達するための手段にすぎない。そのとき、世俗のいかなる思惑も取り除かれて、精神は神のみに語りかけるのである。この関係にいたる手段にすぎないとはいえ、規則が課す外的な沈黙は、孤独と同じく、細心綿密に従うべきものである。また沈黙と信仰とを教える書物の読解を深めるために、雄弁術を研究することもやめなければいけない。宗教改革期にはぴったりと適合した、孤独と沈黙というこの理想のために、その後どんどんシャルトルーズ修道士たちが道を迷い、「神の狂人たち」[11]だと思われるようになるとジェラルド・シェは結論づける。

十七世紀、ボシュエの説教

十七世紀には、外の世界は沈黙から遠ざかるが、二人の傑出した人物が、瞑想の進め方において、沈黙を大変に重んじた。ボシュエ〔(ジャック・ベニーニュ) フランスの神学者、歴史家、一六二七—一七〇四〕と、さらに徹底していたのが、ラ・トラップ修道院を刷新したランセ師〔一六二六—一七〇〇〕である。ボシュエはその著作において、沈黙の偉大さと必要性とを繰り返し説き、ヨハネの黙示録の一節に基づいて説教をすすめる。天使が第七の封印を解いたとき、天は大いなる沈黙に包まれたが、その沈黙の間、「天使は神の玉座に崇敬と崇拝を捧げた。天にある天使がもったこの神秘的な沈黙は何を意味するのか」とボシュエは自問する。それが意味するのは「あらゆる被造物は、天にあれ地にあれ、沈黙のうちに止まらねばならず、神の偉大を讃え、畏れよ」ということである。そこからボシュエは説く。「天使にならい、この沈黙を守る時をもちなさい」[12]、「沈黙したことを決して後悔しはしないでしょう」[13]。

〔パリ近郊の〕モーのウルスラ会修道女に向けた説教において、ボシュエは言い切る。「沈黙し、気を散らす無用な駄弁を取り除くことによってのみ、神が霊感と恩寵とを通じてあなたがたに訪れ、あなたがたのうちに、神の存在が感じられるでしょう[14]」。この種の勧めが、ボシュエの説教においては繰り返し現われる主題である。ボシュエは、聞くのに早く、話すのに遅くあるよう、すべての人に求めるヤコブの〔手紙の〕言葉をひく[15]。「心のうちで神の声を聴くためには、沈黙と完全な瞑想とが必要です[16]」。そして同じくウルスラ会修道女たちに対して、「沈黙が欠けていることで、嘆かわしい損失をするのです[17]」。話したいという欲求のために、神から遠ざかるのだという。修道院では「沈黙がないことで、愛徳に反するあらゆる罪が生まれます[18]」。イエスはその受難を通じて、ピラト〔ローマ総督〕の尋問に答えるときをのぞき、「不断の沈黙をつらぬきました」、だからイエスにならうのだとボシュエは命ずる。話したいというこれほどの欲求はどこから来るのかとボシュエは自問する。それによって自己に帰ることを妨げられるのだ[19]。

有名な例によって、こうした主張が強固なものとなる。「聖ベネディクト礼賛の第二説教」のなかで、「聖ベネディクトが隠遁した、おそろしくぞっとするような」荒地の孤独には「恐怖をさそう寒心に堪えない沈黙が、野生の獣があげる吠え声の他には破るもののない沈黙が(あった)[20]」。青年期の放埒を避けるために、神が聖ベネディクト〔四八〇頃―五四七頃〕に「荒れ果てた人も住まぬ土地を、荒地を、沈黙を、〔…〕孤独を、そして暗く恐ろしい洞窟を与えたのです」[21]。時代は下って、聖ベルナルド〔フランスの神秘家、修道院改革者、一〇九〇―一一五三〕が二十三歳で俗世間を捨てた折、「秘密と孤独とをきわめて愛する」ようになって、十字架がイエスの口を閉ざしたことを思い、「私の口にも沈黙を命じよう」[22]と考えた。クレルヴォーで、修道院の「長く恐ろしい沈黙」があまりに過酷であると考える修道士が何名かでたとき、ベルナルドはその修道僧たちに、こう告げる。「最後の審判でおこなわれる、口にした言葉への厳密な審理について注意深く考えてみたら、口をつぐむことにさほどの苦労はいらないはずです」[23]。

モーのウルスラ会修道女に宛てられた「沈黙についての省察」のなかで、ボシュエは詳しく沈黙を分析する。沈黙には三種類あるという。「規則の沈黙、会話における賢明の沈黙、そして反論における忍耐の沈黙」[24]である。イエスが神殿で話したのは、三〇年間のうち一度だけだ。「イエスが言葉を発せられなかったのは、人間に沈黙を守ることを教えるためでした」[25]。修道院では、規則によって沈黙する時間と時刻とが定められている。ある者たちは「不断の深い沈黙を守り（さえして）、一切口を開かない」。事実、修道院の創始者たちは、「沈黙によって多くの罪と悪癖とが削ぎ落とされる」と考えた。「信仰と祈りの精神とは、沈黙なくして存続しない」[26]こともまた見通したのだ。つまるところ、愛徳と平和と、兄弟たち、姉妹たちの結びつきのためには、沈黙が必要なのである。修道院を改革しようとするときには、「伝えたいという欲求」を禁じ、沈黙から始めねばならなかったとボシュエは言い添える。

賢明の沈黙を実践するということは、愛徳に対する過ちを避け、「思慮深い慎み」をしめすことである。賢明の沈黙を実践するということは、「神の御前で、黙って苦しむ」ことである。なぜなら「沈黙こそが私たちの十字架と苦悩とを聖なるものとする」のだから。[27] これについては、鞭打たれ、荊の冠をかぶせられたときのイエスの態度を思わなければならない。キリストは「沈黙のいけにえ」だといわれた。イエスは受難を通じ、沈黙を証し、捧げたのである。[28] 沈黙は怒りを防ぎ、復讐という情念を克服するもっとも簡単な手段であり、「あれこれ知りたがる欲求」を抑えるやり方なのである。ボシュエの結論はこうだ。「忠実に沈黙を守ることによって、あなたがたはあらゆる苦しみに勝利するのです[29]」。

ランセの教え、ヴァニタス、労働と瞑想

ランセは、ラ・トラップ修道院に沈黙をさだめ、行き渡らせた。沈黙はランセの二九番目の訓示である。ボシュエの主張は、友人であるランセの信条と一致するものが多い。ランセによれば、沈黙は孤独と調和し、沈黙がなければ孤独には意味がない。沈黙は悔悛の精神に寄与し、人々から離れているということを証明する。断絶と離脱とを表わすのである。自己の忘却の条件であり、肉体への気遣いを放棄したことの証しである。何より、沈黙は祈りの条件であり、

神を聴く道を整える。霊操を可能にし、言葉以外の言語を手にすることができる。つまり内面の言語、彼岸の言語、天使の言語を。

ランセはそのうえ、沈黙ははかないものに対する省察とも調和することに思いを向けさせる。沈黙のおかげで日々、時の流れをよりよく測ることができる。墓の沈黙に備えるのだ。そうしてすべての時をおしつぶす永遠へと準備をさせる。だからシャトーブリアンは、ランセの沈黙を、その長さと深さゆえに、恐ろしいと考えるのである。臨終に際し、ランセは叫んだ。「私にのこされた生きる時間はあとわずかである。この時の最良の使い方は、沈黙のうちに過ごすことだ」[30]。そしてその通りにしたのだった。

以上の話は、同じ十七世紀に数多く制作された〔俗世のはかなさを主題にする静物画である〕ヴァニタスにつながる。そこから、この時代には人生、死、永遠を主題とし、沈黙において完遂する瞑想の存在感が大きいということが伝わる。アラン・タピエ〔フランスの美術研究者、一九四八―〕が書くところによれば、ヴァニタスは、北部では〔十四世紀末から十五世紀にかけてネーデルラントに始まった実践的思想を追求する宗教浄化運動である〕デヴォーチオ・モデルナニに習い、もの哀しく、南部では情熱的で恍惚に満ちたものだが、どれもが人生は一個の夢であるということを証明しようとする、少なくとも思い出させようとする絵であり、被造物のもろさとむなしさを強調する絵である。それぞれのやり方で、先取りした喪の悲しみを表現するこうした画には、何組ものモチーフがあり、そのうち多いのは、静止状態にあり、平穏で、沈黙した自然をみせる静物画である。ヴァニタスに分類される絵の目的は、その沈黙によって、衝撃をあたえ、道を説くことである。[31]

中世のただなかには、沈黙による功徳と神への奉仕による功徳、すなわち瞑想という理想による功徳と、伝道という実践による功徳とを比較した議論がすでに始まっていた。この議論は福音書に記された、イエスがマルタとマリアを訪ねる箇所に根ざしている。マルタは話し、よく働き、マリアは黙り、沈思する。キリスト教徒にひとつの問いが提起される。「主の足元に座り、主があらせられ話されることによって育まれた安らぎに心をよせて、沈黙するのがよいのか、それとも主と主の弟子たちに仕えるために、身をつくして多様な務めを果たすのがよいのか[32]」。ルカによる福音書では、イエスは前者の選択に味方するようだ。「マリアは良い方を選んだ。それを取り上げてはならない」といったキリストの態度は、ここでもまた沈黙に価値を置くものだ。

この議論には決着がつかなかった。マリアの役割は修道僧のものであり、マルタの役割、すなわち活動的生活の労苦は在俗の聖職者たちのものである。とはいうものの、大概の場合、マリアの役割の方が良いと考えられてきた。瞑想的生活とそれに伴う沈黙の方が、究極の目的に向けられ、永遠の命において完成されるという点で、優れている。それでもやはり、フランシスコ会修道士がそうしたように、解決策は二つの姿勢を交互に繰り返すことに求められることがよくあった。[33]

隠遁者フーコー

ここで二世紀をまたごう。映画監督レオン・ポワリエ〔一八八四―一九六八〕は、一九三六年にシャルル・ド・フーコー〔フランスの軍人、聖職者、一八五八―一九一六〕の生涯をまとめた映画に「砂漠の」ではなく『沈黙のよび声』とタイトルをつけた。前章でこの人物をとりあげることもできたが、そうせずにこの章で扱うのは、そのためだ。回心を経て、〔フランス南部の〕アルデシュ県にあるノートルダム・デ・ネージュ修道院に身を置き、それから修錬士として、一時期はオスマン帝国下のシリアはアクベスのトラピスト会修道院で過ごした。ナザレの町に生涯魅了され、一八九七年、ナザレにおいて隠者となり小屋に住んだ。一言でいうと、フーコーの修道院における訓練は、二つの沈黙に根ざしており、自身も繰り返しそのように語る。

その豊かな霊的働きにおいて、祈りと夜と沈黙とが密接に結びついている。ある夜、回心して間もない頃、イエスに語りかけられているとフーコーは思った。イエスが自分に「沈黙するマグダラのマリア、沈黙する我が母、沈黙するヨセフ」[34]とともに生き始めよという声を聞いたという。沈黙の功徳を、シャルル・ド・フーコーは詳述していく。ナザレに滞在した折、ふたたびイエスが語りかけた。「この三〇年というもの、私があなたに教えるのをやめたことはない。言葉によってではなく、私の沈黙によって」[35]。こうして私たちはシャルル・ド・フーコーの最終目的地を理解する。神の恩寵をうけとるためには、砂漠を行かねばならず、「魂には沈黙が必要なのだ」[36]。砂漠の呼び声は、フーコーにとって、沈黙の呼び声だ。この信念は書簡から明らかである。一九〇一年七月一七日の時点ですでに、あるトラピスト会修道士に宛てた手紙でこのように書いている。「沈黙においてこそ、私たちは一番熱烈に愛するのです。音や言葉はしばしば内なる火を消してしまいます（…）マグダラの聖マリアのように、バプテスマの聖ヨハネのように、沈黙を守りましょう。私たちのうちに、その孤独とその沈黙とを至福のものとする、あの大いなる火をともしてくださるよう、イエスに切願しましょう」[37]。ここで、シャルル・ド・フーコーが感じ取ったナザレに戻ってみよう。ここで気をつけておきたいのは、フーコーは一九〇四年にタマンラセット〔アルジェリア南部〕に落ち着き、一九一六年にそこで暗殺されるのだが、それまでトゥアレグ族のもとでサハラ砂漠の隠遁者となって、砂漠の沈黙によって得られる幸福について語るのをやめないということだ。たとえば一九〇六年、七月一五日、「この砂漠は私には非常にやさしいのです（…）それゆえ旅にでることが、この孤独と沈黙と別れることが、私には辛いのです」[38]としたためる。求めてきたのは、いつでも、「ナザレの生活」、孤独と砂漠の生活を送ることだとフーコーは打ち明ける[39]。

正教における沈黙、文学にみる沈黙

正教の神学者たちは、カトリック教徒にまして、決定的な意味を沈黙にあたえる。残念ながら、その複雑な思想および体験の全容を明らかにするには紙幅が足りない。その輪郭をわずかばかりなぞるにとどめよう。キリストがもたらす、筆舌につくせぬ平安は、沈黙が織りなすものだ。信者は人生をかけてこの沈黙を探し求めなければならず、そうするために、砂漠の教父たちの声を聞くのである。神は不可知であるから、神については絶対の沈黙を守る必要がある。できるのは神をとりまく沈黙にひたることだけだ。神秘体験を通じて、魂は「沈黙の闇」に没入する。こうして道がしめされる。まずは自らの魂について沈黙すること、現世を捨てること、それから神について沈黙すること、すなわちつまるところ、知性によってわざと暗闇をもたらすこと。もちろん修道者の生活が、この沈黙に至る特権的な道であり、それは思考との闘いであり、禁欲であり、自己の忘却である。「沈黙するのは、それ（沈黙）から出発して利己心を捨て、沈黙の存在を明らかにする者である」[40]とミシェル・ラロッシュ〔フランスの正教神学者、一九四三―〕は述べる。この禁欲生活の間には、しばしば涙が流れる。したがって以上の内容を沈黙と涙にまつわる神学という概念で定義することができる。

さまざまに広がる沈黙の探求を、よりよく神の言葉を聞きとり、神秘体験を得たいという欲求から生まれる探求に限定するのは、単純に過ぎるだろう。以降の章で、そのことをしめす。宗教界の外やその周辺で、多くの探求がおこなわれてきた。多くの個人が、マーガレット・パリー〔イギリスの文学研究者、一九四二―〕の表明する信念を分かちもってきた。「真正な生活にたどりつきたいのならば、私たちのうちに沈黙の修道院をたてることが欠かせない(41)」。これはセナンクールにおいて繰り返される主題である。「情熱がもたらす沈黙に」おいてのみ、「自分の存在を見つめることができるのだ」とオーベルマンは叫ぶ(42)。ヘンリー・デイヴィッド・ソローの日記において、森の静寂を、熟考と幸福の深まりとに結びつける例は、数えきれない。『道徳の系譜』でニーチェは新しいものごとを受けとめられるようにするには、静黙することが必要だと断言する。

おそらく他の何よりも、メーテルリンクは沈黙の美徳を称え、その探求を推奨した。本書では、愛の経験を描く章で詳しくみる。メーテルリンクによると、「超越性は鳴りをひそめ」そして目に見える世界は完全に謎のままである。しかし内なる闇のただなかでは、未知のものがまたたく。有名な神秘家たちが夜の底で輝くのを見たという「大いなる光ではなく」、「未知のものであり、まるで私たちの夜の静寂にときおり訪れ腰をおろす、天使がのこした謎の印のように(43)」。

二十世紀には、フランシス・ポンジュ〔フランスの詩人、一八九九―一九八八〕が、瞑想を助けてくれる、松林の静寂や、植物でかたどった聖堂の静寂をたたえる。現代では、沈黙への欲求が、パトリック・モディアノ〔フランスの小説家、一九四五―〕の作品を組み立てているとティエリー・ロラン〔フランスの文学研究者、一九五九―〕は考える。(44) モディアノは、沈黙を慰めとして、絶望を覆い隠す逃げ道として提示するのだ。したがってこれほど貴重である一方、身につけるのが困難な美徳とはすなわち沈黙を守る術をわきまえることなのである。

もっと平凡にとまではいわずとも、もっと簡単な方法でいうと、沈黙を探求し、静かな場所を探すという場合もある。ユイスマンスの小説のなかで、主人公のデュルタルが静かな場所を求めて移動したことについてはすでに触れた(『彼方』、『出発』、『大伽藍』、『修錬者』)。これはフィクションの領域を超えて、すでにみた通り、ボードレールやプルーストについても同じことがいえる。現代では、この沈黙への欲求が、宿泊者に静寂を保証する観光ホテルチェーン、ルレ・デュ・シランスの顧客の動機となる。これは、どれほどまでに、この幸福が貴重なものとなったかということの証明である。

第4章 沈黙の学習と規律

沈黙の訓練

ギリシアでは、ハルポクラテス神は口に指をたてた姿で表現される。この動作によって、口をつぐむように命ずるのだ。静黙せよという命令は、歴史を通じ数多く、ありふれたものである。そうした命令は、学習を前提にしている。なぜなら沈黙するのは、ひとりでにできるようになることではないからである。メーテルリンクは、「沈黙をもたず、自分の周りの沈黙を台無しにしてしまう」人たちもおり、「それが本当に注意をひかない唯一の人間である」と書いている。なぜなら「一度も黙ったことのない人について、正確な見当をつけることはできない。その魂には顔がないみたいだ[1]」。沈黙を学習することは、沈黙が、重大な物事の形作られる条件であるだけにいっそう大切である。したがって重大な物事がついに姿をみせるためには、沈黙を学ばねばならないのである。「だから一日口をつぐんでみてごらん。そうしたら翌日には君の計画も義務もずっと明確になっている！」[2]反対に言葉は、思考を窒息させ中断する業である場合があまりに多い。思考は沈黙のうちでしか働かないのだ。以上のすべての理由から、私たちは沈黙をおそれ、人生の大部分を沈黙のない場所を探すことに費やすのだとメーテルリンクは繰り返しいう。

沈黙を学習すること、それを超えて、沈黙を命ずるやり方というのは、辞書がとりあげ、細かく展開させる素材である。たとえば『十九世紀ラルース世界大辞典』には、沈黙を課す規律に、それを破ることを意味する表現が列挙され、注解される。「静黙する」「沈黙を命ずる」「沈黙を求める」「沈黙を強要する」「沈黙を守る」そして、反対に「沈黙を破る」。ビザンチウムの宮廷では謁見警護兵が静寂に気を配っていたと、項目の筆者は伝える。

礼拝による訓練

もちろん、静黙せよという命令は、特別な場所に関わるものだ。教会、小学校、中学校、高校、軍隊……、またある種の礼儀作法や服従が必要な状況。まだ今日でも教会や寺院やモスク内だけでなく、多くの場合、その建物の周辺でも沈黙が課される。教会のなかでは、沈黙は崇敬の、自制の、衝動の抑制のしるしである。これまでみてきたように、沈黙のおかげで、精神が気を散らしたり、散漫になるのが避けられる。祭礼をとりおこなうことそれ自体が、沈黙を学ぶ場であり、あらゆる動揺を避けることを学ぶ場である。子どもたちは話すことを慎まねばならず、教会のなかと近所で大声をたてることはなおのこと控えなければならない。聖歌隊に属す子どもの場合は特にそうで、儀式の舞台装置に必要となる、身体の抑制に慣れている。

身体の特殊な修養のためには、いっそう沈黙が要求される。礼拝のときの姿勢や聖体拝領台へ向かう動きからそのことがわかる。十九世紀後半以来、〔祭壇上におかれた聖体を交代で礼拝する〕常時聖体礼拝に参加すると、いやおうなく沈黙を学習することになった。信者は、多くの場合、中学や高校の生徒といった青年、さらには子どもで、教会や学校の礼拝堂で、聖体顕示台におかれた聖体を、ひとりで黙って礼拝しなければならない。この実践を通して、沈黙に習熟することに加え、姿勢に関する知識も身につけるのだが、一時間続くこともある。

〔日曜ごとにおこなわれる〕ミサの間だけでなく、〔日没後におこなう〕晩課、〔就寝前におこなう〕終課、〔聖体を礼拝する〕聖体降福式の間も、典礼の時間を区切る合図が、全体に向けた命令を知らせ、特に深い沈黙の時を命じるが、同時にそうした合図は姿勢に関する命令でもある。教会の外で、礼拝行進がおこなわれるときには、同じ規則が適用される。たとえばシャトーブリアンは『キリスト教精髄』のなかで、キリストの聖体の祭日のおり、複数の沈黙に、というのも当時沈黙は多種多様であったからだが、信者は感動したと書いている。それらの沈黙は、「モテット〔ポリフォニー様式の宗教声楽曲〕がかもす敬虔な沈黙」とは異なっていた。「断続的に、声と楽器は沈黙し、凪の日の大洋における沈黙と同じくらい荘厳な沈黙が、この瞑想する群衆の間にひろがった。敷石に響く規則正しい群衆の足音しかもはや聞こえない」[3]。

カトリックの祭礼行事のなかで、もうひとつ印象的な沈黙がある。すなわち〔キリストの復活日の前日、キリストの十字架上の死を記念する〕聖金曜日と復活の主日との間に鐘が生む沈黙である。復活祭を告げる鐘の轟音が引きおこす衝撃と同様に、鐘の沈黙によって生まれた感動を伝える証言は数多い。ラ・トラップ修道院では、務めにリズムをつけるために、鐘が沈黙する間は、もっと音の小さい、がらがらを使わなければならなかった。

学校および軍隊における訓練

カトリックの信仰に基づいていた学校は、のちに宗教教育をおこなわなくなったが、近代初期から沈黙が課された。沈黙は小学校や中学校の教師に対する敬意のしるし、素行不良に陥らない自制のしるし、集中力のしるしとみなされていた。黙れば、たしかに、よく聞くことができる。そのうえ、笑いと同じくらい、沈黙も伝染するとアラン〔フランスの哲学者、評論家、一八六八―一九五一〕が一九二七年に書いている。したがって沈黙が笑いに打ち勝つようにすることが重要である[4]。ジャン＝ノエル・リュック〔フランスの歴史学者、一九五〇―〕は、十九世紀において、沈黙の学習はすでに幼稚園で始まっていたことを明らかにした[5]。

ナポレオン帝政下で設立された公立高校では、鐘や振鈴や太鼓によって、沈黙する時間と自由に話してよい時間がしきられていた。十八世紀から二十世紀に至るまで、沈黙の命令は、厳密にいえば教室の外まで及んでいた。食堂では食事の時間に、寄宿舎の寝室では就寝の時間に秩序をつける。宗教教育をする学校では、授業や食事や就寝の前に共同で祈りを捧げ、沈黙へ心構えをさせる。ミシェル・フーコーの見方によると、このような規律や、厳しい処罰をうける規律違反は、こうした場所で実践されていた「無感動にさせる技術」の一部である。

軍隊でも事情は同じであり、「静粛に」という掛け声は現在にいたるまで、慣行される。こうした環境にあって、黙って苦しむことができるというのは、まとめて「大いなる沈黙集団〔第三共和制当時、軍人に投票権がなかったことからつけられたあだ名〕」と呼ばれた軍隊においては、名誉なことであり、重要なことだ。

こうしたさまざまな組織では、不適当な発言や、大騒ぎは、沈黙を課す命令に対するあらゆる侵害と同じく、秩序が機能不全に陥った深刻なしるしだとみなされる。そのうえいずれの環境においても、一連の命令が、口にすることのできる事柄の限界を線引きし、口にすることのできないものの形を定める。沈黙を命ずる慣例のうち、「黙祷」は重要であり、私の知る限り、その歴史はまだ研究されていない。これは聖なるものの次元の外に、宗教的実践が移しかえられたものである。沈黙が非神聖化される過程には、やはり同じ命令と違反とが同時にみられる。

辞書の執筆者は、世紀を追うごとに重要になる、沈黙の義務を列挙する。しかし「沈黙の掟」とは、大抵の場合、秘密を明かさないことを指す。辞書によれば、この掟はたとえば、フリーメイソンの新加入者や賊など、誓約によって沈黙を命じる秘密結社にみられる。とはいえこうした類の命令は、この本では対象外だ。

礼儀作法が求める沈黙

一方、私たちが関心をよせるのは、礼儀作法が強要する沈黙の規律である。広い意味での礼儀によるものだが、これは十九世紀に「礼儀作法の手引」によって広まった。フランスで当時もっともよく使われたのは、スタッフ男爵夫人〔(ブランシュ・ソワイエ) 一八四五—一九一一〕の著作である。(6) 子どもは大人の前で、特に大人が話しているときには口をつぐまなければならないと教える。何世紀もの間、召使いは、主人に促されないかぎり、話すことは慎むのが義務であった。田舎では、農業労働者と雇い主との関係について、同じことがいえる。こうした規範を破れば、混乱がおき、モリエールの多くの喜劇にみられるように、滑稽な場面になりうる。

沈黙が課されるこうした日常生活の向こうに、少なくともルネサンス以降におこり、ノルベルト・エリアス〔ドイツ出身のイギリスの社会学者、一八九七—一九九〇〕が明らかにした風俗の文明化がみえる。沈黙の命令が重みを増し、それと連動して、こうした規範が内面化されていったことに表われているのだ。ティエリー・ガスニエ〔フランスの歴史教諭〕による、「臓器の沈黙」と題された素晴らしい論文によって、げっぷをしたり、おならをしたり、臓器や、それに加えて性的快楽を明らかに感じさせるものすべてに対する禁止が徐々に広まっていくさまが明らかになった。十九世紀にはついに、女性が人前で放屁をこらえることによっておきる不調が、「蒼白病」と名付けられる事態にいたった。(7) こうして身体言語はいまや、態度や言葉によって、沈黙を目指すようになる。したがって味覚が内側にひきおこす感覚を語ることは、礼儀にかなわないとみなされるのだ。「味覚にまつわる身体言語は、だから理想的な沈黙と、味覚を表わす動作の隠蔽へと向かうのである」(8) とマリ＝リュス・ジェラール〔フランスの人類学者、一九七一―〕は指摘する。こういう類の規律は、あらゆる種類の行為や物体の操作の無音化にまで拡大しうる。ゲオルグ・ジンメル〔ドイツの哲学者、一八五八―一九一八〕はといえば、十九世紀以降、公共の空間でよびとめることが、ひとつの攻撃とうけとめられていることを指摘した。

十九世紀初め、親愛の情をこめて大騒ぎする民衆を前にして、沈黙できること、静黙できることは、メッザ・ヴォーチェ〔中くらいの柔らかな声で話すこと〕の実践とあわせて、高貴な行動だった。黙るということはまた、耳を傾ける態勢にあると証明することでもある。とりわけこの告白と親和力の時代には、耳を傾ける術のある者の沈黙が非常に尊ばれた。静黙する術は、十七世紀半ば以来、優れた行儀作法であり、パリでは、田舎者にない特徴であった。

沈黙と権力

十九世紀に大きな論争の的になったのは、刑務所論だ。隔離することによって、必然的にたえざる沈黙を課す独居システム、いわゆる「ペンシルベニア制」の支持者と、被拘禁者が雑居し集団で労働するものの、共同作業場では、沈黙を守らせるというオーバーン制度の支持者とが対立した。当時は沈黙によって、罪人の更生の条件である、内省が期待できるとされた。したがって、沈黙は刑罰であり、言論の自由の剥奪であると同時に、将来の社会復帰への条件でもあったのである。

口をつぐむ術を知っていること、控えめでいられることは、十八世紀末から台頭していった私的領域の基礎にまでなった。私的領域は、秘密のうえに成り立っており、秘密が交わされるにしてもごく限られた範囲においてである。沈黙の形態が、グループのそれをはっきり浮かび上がらせるのだ。

多くの共同体内部で、沈黙は権力の道具である。「他者の声を聞き、姿を見るのを拒絶すること、他者が痕跡をのこせないようにすること、それはその人をある形の非‐存在へと追いやるにひとしい(9)」。これはかつて、サン＝シモン〔ルイ・ド・ルヴロワ〕フランスの作家、政治家、封建大貴族、一六七五―一七五五〕が叙述する宮廷社会のうちで、ことにはっきりしていた。これについては、歴史家たちの沈黙と、簡潔さという歴史家の文章の特徴についても考えてみる必要があるだろう。文章が簡潔になるというのは、痕跡が欠落しているか、あるいは記録するのを拒絶したためである。いずれにせよ、自らの沈黙が何を意味するのかを、原史料を前にして考えるのは、歴史家の仕事である。

おおよそでも年代を推定することは困難であるものの、沈黙の命令と規律とは、現代において変化し、弱まった。同様に、沈黙への欲求も変容し、沈黙が大切にされる場所や、沈黙を味わうことのできた場所も、姿を変えた。これまで沈黙に与えられてきた美点は消しさられ、沈黙の感じ方が少しずつ変わっていったのだ。

都市の騒音の規制

このプロセスと重なり合うように、西洋において、十九世紀初頭から、音や騒音に対する許容限度が低くなる。したがって、沈黙を課す規律と命令の歴史とは、きわめて複雑なものだとわかる。十九世紀初めの数十年間は、西洋の大都市、特にパリで、音の風景を作るのは、田舎のそれとは反対に、ひっきりなしの喧騒であって、音に対する許容限度もとても大きかった。近代初期には、職人や商人の叫び声でたえずざわついていたのだ。旅芸人や手回し風琴の弾き手が奏でる街頭の音楽はまだ規制されていなかった。大きな音をたてる機械が、工場や露店といったあらゆる場所に置かれていた。こうした騒音の世界を研究したジャック・レオナール〔フランスの歴史家、一九三五―八八〕は、パリでは建物の上階に鍛冶屋があったことを指摘する。小教区の教会や修道院や学校から響く鐘が、この大騒ぎに加わる。荷車が通りで耳を聾する音をたてる。

しかし、十九世紀も半ばを過ぎると、騒音にたいする許容限度がせまくなっていく。新たに生まれた静寂への欲求は、さまざまな要求が公にされるなかに、徐々に現われてくる。仕事の掛け声は、二十世紀半ばまで姿を消すことはないが、少なくなる。一八九〇年代に流通した絵葉書に載せられた「昔ながらの仕事」が、つい先ごろまで音の空間を占領していたのだが、もはやなつかしむものになっていた。街頭音楽は、リヨンの場合についてオリヴィエ・バライ〔フランスの建築家、都市計画家〕が明らかにした通り、どんどん厳しく規制されていき、建物内の騒音をだす活動についても同じであった。(10) 社会的エリート層のうちでは、騒音は、粗野と評価された大衆のふるまいに結びつくもので、どんどん許容できないものになっていった。

静寂を求めるキャンペーンがいくつもはられた。新たな規制がしかれ、新たな規律が課された。沈黙が、劇場で、それ以上にコンサート・ホールで要求されたが、それが実現するには時間がかかった。一八八三年、写真家のナダール〔一八二〇―一九一〇〕が鐘の音、とりわけ早朝に鳴る鐘の音に反対するキャンペーンを広める。(11) ナダールはその騒音を「鍋釜の反乱」と定義する。スイスでは、犬の鳴き声に対して人々が立ち上がった。そちこちで、現在に至るまで、朝の静寂を乱す雄鶏の朝の鳴き声に人は不平をいう。

判例の記録や概論書を分析すると、感受性が変化してきたことが証明できる。私の意図するところを明らかにするには、例を二つばかり挙げればことたりるだろう。七月王政下〔フランス南部の〕モントバンのパン職人たちは、おたがいに熱心に仕事にうちこむために、真夜中に歌うのが習慣だったが、近所のものたちに訴えられた。訴えは退けられた。労働者たちの歌は活動に適切に従事するために必要と思われたのだった。反対に、夜、街をよこぎるときに、乗合馬車の上からラッパをならした御者は罰せられる。そのやり方が職業に不可欠にはみえなかったのだ。

十九世紀末以降、タイヤのなめらかな音が、馬車の走る音と、馬の蹄の音に少しずつとってかわる。とはいえ、工場のひゅうひゅういう音や、車のクラクションなど、新たな音のきざしが、それまで経験されたことのない騒音をたてはじめる。こういう類の音には擁護者がいた。二十世紀初頭、ルイジ・ルッソロ〔イタリアの画家、一八八五―一九四七〕と未来主義者たちが、機械や自動車を、そして武器の轟音をほめそやした。ルッソロは、高速自動車の音や一斉射撃の音は、ベートーヴェンの「交響曲第五番」に優ると考えた[12]。その反面、前述した通り、新しい音の風景のせいで、繊細な散歩者たちは、教会の静寂に避難するようになる。

全体としては、こうして音の風景が本質的な変容を被ったことによって、静寂の歴史は新しい段階に進み、静寂のために闘う反動が生まれることになる。二十世紀初頭にはすでに、ゲオルグ・ジンメルが、列車や路面電車のなかではたいてい、乗客たちが黙って見つめ合うが、それはかつてみられなかった光景だと強調する。二十世紀半ば以来、散歩者も大勢の急ぎ足の歩行者も、遠くから呼ばれるのを好まなくなったことを、いま一度いっておこう。そして万国博覧会につどう群衆は、かつての群衆がみせた大騒ぎとは異なり、順序を守る。パリでは一八九〇年代を通じて、大広告が外壁を覆い、売店や広告持ちが増殖した(13)。これらすべてが、大通りを読む空間に変え、それによって、存在を知らせるのが目的だったかつての掛け声は、無用になった。残ったのはほぼ新聞売りの叫び声と、行商人の口上だけであった。

二十世紀へ

しかし第一次世界大戦による戦闘が、静寂の意味も、影響力も、手触りも変えてしまった。この工業戦争は音の地獄であった。喧騒がひどく、神経をいらだたせ、とぎれなくつづく。武器とらっぱの音、怒号と苦痛の叫び、瀕死の人間のあえぎがまじりあう。大いなる静寂まで、一九一八年一一月一一日の完全な静寂まで。それは世界が戦後に入ったところだと力強く合図をおくるものだったのだ。

以前は、どんな静寂も安堵であり、さらには喜びであり、「ありそうもない安らぎへの糸口」であった。塹壕のなかでは、音で目覚め静寂で眠る。時には「静寂がもたらす奇妙な強迫観念」がたれこめる。なぜなら、静寂は異常事態だから。これはマルコ・ド・ガスティーヌ〔フランスの映画監督、一八八八―一九八二〕が〔「この静けさのなかでは眠れない」という副題が添えられた絵〕「兵士の苦悩」で伝えることだ。「音と静寂とを解読できるようになること」は生き延びようと努める者の「日々の仕事の一部である」。攻撃の際は、「大砲の巨大なざわめきにあって」、「私たちのまわりに飛んでくる弾のあの異様な静寂」をとてもよく聞き分けられたと『砲火』のなかでアンリ・バルビュス〔フランスの作家、一八七三―一九三五〕は伝える。戦場では、声の響きは独特で滑稽だ。戦時にあって、静寂は死という現実と、喪の悲しみとに強烈に結びつく。それを物語るのが、たとえば、死者に捧げる鐘の音を際立たせる、ながい静寂である。何十年にもわたって、一一月一一日の追悼行事に静寂がリズムをつけた(14)。

街の中心部で、標識が静寂を命じるようになったのは、この時である。もっとも特徴的なのは、「病院です。静粛に」という標語を掲げたものである。病院にふれたところで、二十世紀半ばにおきた革命について指摘しよう。それまで病院における叫び声というのは、贖いの苦しみというキリスト教的価値観が暗黙のうちに認められる限りにおいて、かなり広く容認されていた。一方、現代の病院において、苦痛の叫び声はスキャンダルである。医者が失敗し、患者の側に自制がないことを伝えるものだからだ。

それとは反対に、悦楽の叫びは、十九世紀にはまだ容認しがたいものであったようだが、今日では多くの映画やテレビ番組における主要な要素になった。この点については、十九世紀、特に娼婦が悦楽の叫びをあげた際に、警察官が記録した訴えの数々も、この変化を証明する。(15)

例外的に現代について考えてみよう。電車内で声をあげることは、公害とみなされる。乗客は静寂を望むからである。二十世紀半ばまではそうではなかった。当時、会話は普通のことであり、何となればコンパートメントにおける礼儀であった。同様に飛行機の旅でも静寂が好まれる。それを破れば無作法だとみなされかねない。映画館でも同じだ。

それでもこうした静寂の要求は、騒音に対する許容限度が下がったことを意味するのだろうか。おそらくは違う。日中、交通機関で静寂を要求する人たちが前の晩にはディスコやミュージックホールで、人類がこれまで経験したことのない強烈な音に耐えた人たちと同一人物であったりする。まるで静寂とそれが与える安らぎとは、時と場所に応じて、断続的に求められるものであるかのようだ。

第5章

間奏曲——ヨセフとナザレあるいは絶対の沈黙

ヨセフという一人の男の沈黙と、ナザレという場所の沈黙とは、密接に関係している。そしてこの二つの沈黙は絶対的なものである。聖書において、イエスの養父は完全に無言をつらぬく。ヨセフは沈黙の族長なのである。四福音書にヨセフの言葉をひとつでも見出そうとしても無駄だ。〔少年〕イエスが学者たちの間に座り、エルサレムの神殿にとどまっていたとき、〔それを知らず先に帰路についた〕マリアとヨセフはイエスのいないことに気づき動転する。しかしイエスを叱責したのは父ではなく母であった〔ルカによる福音書、二章四一節―五二節〕。ベツレヘムで、ヨセフは口を開かない。夢でエジプトに旅立つように命ずる天使の言葉を受け取ったときも（マタイによる福音書二章一三節）、ヨセフは完全な沈黙を守り、そして一言も発することなく、従う。ナザレにおけるヨセフの死も語られない。要するに、マタイによる福音書をみると、自らに関わる事柄すべてについて、ヨセフは沈黙をもって答えたのだ。ヨセフの沈黙は、耳を傾ける心、絶対的な内面性である。この男は生涯マリアとイエスとをみつめ、その沈黙は言葉を超越する。聖ヨセフに捧げた二つの聖人礼賛のなかでボシュエが、荘厳で謙虚な沈黙と形容したものを、ヨセフは目に見える形でしめした。ナザレは一個の場所でありながら、時であると、沈黙の決定的な時であるとボシュエは考える。言葉のない感情が、これほど力強く継続して重くのしかかった場所は、他にない。

こうしたナザレの沈黙について誰よりも詳細に考察したのは、おそらくシャルル・ド・フーコーだ。霊的な考察の中心に、ナザレを据えようとしたのだった。著作のなかで、自分の生活を「ナザレの生活」すなわち謙遜、清貧、労働、従順、隣人愛、内省、瞑想の生活にしたいと、繰り返し述べる。この世に知られぬ生活における沈黙を、よりよく追体験するために、説明しようと試みるのだ。マリアとヨセフは驚くべき宝を手にしたと自覚し、人目につかぬ生活の孤独と静寂のうちで、宝を掌中に置くために、口をつぐむ。そして二人のように沈黙を実践したものはいなかった。

シャルル・ド・フーコーはある日、イエスがフーコーの人生も寿命に近づきつつあることにふれ、こう語りかけてくるのを聞く。「私はあなたにたえず教えてきた。言葉によってではない。私の沈黙によって」[1]。まだイエスがマリアの胎内にあったときに、崇拝の沈黙は頂点に達したにちがいないと考える。シャルル・ド・フーコーによれば、「イエスとともにあることを(…)これほどまでに完璧な沈黙のなかで味わう」[2]ことはもはや決してないだろうと、マリアとヨセフは考えたという。クリスマスが近づくと、シャルル・ド・フーコーはマリアとヨセフの生活に、「びくともしない静かな崇拝、愛撫、熱烈で献身的で心のこもった世話」[3]で占められた生活に思いをはせる。夜になって、マリアとヨセフが沈黙したまま至福を受けて、イエスのゆりかごに身を寄せて座りにくるところまで想像はつづく。

第6章 沈黙の言葉

沈黙は言葉である

沈黙はしばしば言葉である。次章の主題である、戦略的な沈黙の用法以外でもそうだ。しかしそれは口頭で発言される言葉にとっては、競争相手となる言葉である。イヨネスコ〔ルーマニア生まれのフランスの前衛劇作家、一九一二―一九四〕は『雑記帳』のなかで「語は沈黙が語るのを妨げる」と記す。そしてアントナン・アルトー〔フランスの詩人、俳優、演出家、一八九六―一九四八〕は「事物の魂は語のなかにはない[1]」という。

メーテルリンクはといえば、「私たちが語るのは、真実の生を生きぬときだけであり、そしてなにがしかの痕をのこすただひとつの生は、沈黙だけでできている」のであり、沈黙はその陰鬱な力によって、私たちにかくも根元的な恐怖をよびさますと書く[2]。魂の言語は沈黙である。この先であらためてふれるが、シャルル・デュ・ボス〔フランスの批評家、一八八二―一九三九〕によれば、それゆえに、語によってこの魂の言語を翻訳するという根本的な問題がおきるのである。

ガブリエル・マルセル〔フランスの哲学者、劇作家、一八八九―一九七三〕が書くところによると、言葉は沈黙の横溢から発せられるといってよい。沈黙によって言葉は正当性を与えられ、別の面ではその正当性が「沈黙の時を超える性質[3]」を際立たせるのである。マックス・ピカートによれば、沈黙から生まれる言葉は「沈黙との関わりを失うときに」、言葉が「沈黙の外に、沈黙の横溢の外に出たときに」「衰弱する」。言葉は沈黙の別の顔であり、沈黙の反響なのだ。「沈黙において、言葉は息をひそめ、本来の生に新たに満たされる」。「それぞれの言葉に何かしら沈黙があり、その言葉がどこからやってきたのかをしめすのだ」。そして「ふたりの人間が話し合うとき、つねに第三者がいる。沈黙が聞いているのだ[4]」。

「変貌した言葉、それは沈黙である。それ自体で存在する言葉はない。言葉は、それ自体がもつ沈黙によってのみある。目には見えぬまま、どんなささいな語の内部でも、言葉は沈黙だ」とピエール・エマニュエル〔フランスの詩人、一九一六―八四〕は『並行革命』に書いている[5]。ジャン＝マリ・ル・クレジオ〔フランスの小説家、一九四〇―〕は『物質的恍惚』のなかで、「沈黙は言語と意識との最終到達点である[6]」という。パスカル・キニャール〔フランスの小説家、一九四八―〕は「言語は私たちのふるさとではない。私たちは沈黙からやってきて、まだ四つ足で歩いている時分に、道を誤った[7]」。この信念によって、言語を沈黙を通して復権することができる。それを推奨するのがウィトゲンシュタインであり、その前にはヘンリー・デイヴィッド・ソローがいる。ソローは私たちがふたたび私たちの言葉を、したがって私たちの人生を手にするには、沈黙を経る必要があると考えた[8]。

神の言葉

ここで私たちの考察の土台をなすのは、聖書にみられる神の沈黙という言葉である。神は隠れ静黙するのではなく、沈黙するときにこそ神は語っていると確信した者たちの証言に耳を貸そう。キルケゴールは「主よ、あなたは黙するときにさえ語るということを、決して忘れずにいられますように[9]」。ピエール・クランジュ〔フランスの神父、神学者、経済学者、一九六二―〕は、この神の沈黙の言葉を明らかにした。「超越的沈黙」を説明する素晴らしい一章で、それは「神の偉大は、行為や言葉においてしめされるのではない。こう表現してよければ、ただその訪れに、その飛翔のうちに現われるのである[10]」。この至高の例は、天地創造に先立つはじまりの沈黙である。なぜなら「この壮大な御業がおこなわれる前に、支配していたのは沈黙であり、これから生まれる宇宙への思いのごとき、感動的な沈黙であった」。その時、神の霊は動き、闇と沈黙とがすべてを覆っていた[11]。詩編には天地創造の沈黙の言語がまたとりあげられており、ピエール・クランジュは、聖書にちりばめられた、神の言葉の数多の現われを引用する。新約聖書〔ルカによる福音書二四章一三節―三五節〕の〔復活したイエスが共にいたが、目が遮られ、パンを与えられるまでイエスとわからなかった〕エマオの弟子たちの出来事のように、神は人の目にはとらえられない。十六世紀には十字架のヨハネが、沈黙と暗い夜とがもたらす安らぎにおいてのみ聴こえる、神の沈黙の言葉を力説した。

口にされない言葉として沈黙を感じとった者たちも数多い。ヴィクトル・ユゴーは『静観詩集』で、天地創造においては「あらゆるものが語る」と書く。すなわち大気も、花も、一本の草も……。

星からダニにいたるまで、無限は己の声をきく（…）
君思うや、川の水も森の木々も
語ることなくて、声をあげると（…）
君思うや、草と闇に覆われた墓は
沈黙にほかならないと（…）
否、すべてが声、すべてが香り
すべてが無限において何かを

誰かに語る。[12]（…）
神が放つ光の音を私たちはきく
人が沈黙と呼ぶものの声を。[13]

メーテルリンクは、沈黙の言葉に魅惑されたとたえず繰り返す。「本当に話すべきことができるや、私たちは沈黙せねばならない。（…）話すやいなや何かが私たちに、神の扉がどこかで閉じられると告げる。それゆえに私たちは沈黙をひどく惜しむのである」[14]。沈黙が語るのはことに不幸においてだ。その時にこそ、沈黙は私たちを抱きしめ、そして「不幸な沈黙の口づけは、それ以後忘れることができない」[15]。愛における沈黙の言葉については、先の章で詳しくみることにする。

芸術と沈黙の言葉

沈黙の言葉の力については、たびたび言明されてきた。メルロ゠ポンティが書くところによると、言語は「沈黙によってのみ生きる。つまり私たちが他者に投げかけるものすべては、私たちから離れることのないこの偉大な沈黙の国で芽生えたのだ」[16]。もっと具体的にいえば、言葉と沈黙との結びつきが、音楽、雄弁術、文体、とりわけ詩の文体、映画といった、多種多様な領域において分析されてきた。

　パスカル・キニャールは「チェン・リャン師による最後の音楽稽古」において、チェン師に語らせる。枝をわたる風の音、絹をなぞる筆の音、レンガにひびく子供の小水の音といった、このうえなく微細な音を聞きとるように弟子に手ほどきした後、一日の最後にチェン師はこういう。「今日は音楽をやりすぎた。沈黙で耳を洗ってこよう」。『世界のすべての朝は』の登場人物、音楽家のサント゠コロンブ氏は、後悔の果て、沈黙を心に誓う。友人である画家ボジャンと同じく、描くとはまず黙ることだと確信していた。絵画は沈黙において生まれる。絵のように、音楽の内部世界では、「どんな探求も最後には必ず、内奥の底へ、沈黙へとたどりつくのだ[17]」。

　ところで、絵画の「雄弁な沈黙」は、ことに研究されてきた。この対象については豊富な資料があるが、ここではその概要のみをたどる。「絵画に表わされた姿とは語る沈黙である」とマックス・ピカートは書く。それによって「人は言葉に先立つ存在を思い出す。だからこれほどに心が動かされるのだ[18]」。レッシング〔(ゴットホルト・エフライム) ドイツの劇作家、批評家、一七二九―八一〕によれば、絵画は沈黙する詩だ。のちに、ウージェーヌ・ドラクロワはこう打ち明ける。「沈黙はいつも印象をのこす(…)。白状すると私は沈黙の芸術を好む。プッサン〔一五九四―一六六五〕が生業にするといっていた、あの沈黙する事物を好む。言葉は無遠慮だ。こちらまでやって来て、関心に訴える（…）。絵画や彫刻の方が信頼できるように思う。こちらから出向かねばならぬのだから」。絵画の「沈黙の魅力は目を向けるたびに、いつも力強く働き、さらに高まるようだ[19]」。

ポール・クローデルの著作のひとつで、『眼は聴く』と題されたものの主題は、この雄弁な沈黙である。題材はオランダ絵画であり、その風景画はクローデルの目には「沈黙の源」であった。ファン・デ・フェルデ〔オランダの画家、一六三六―七二〕について、「ここにあるのは、目で見るよりも耳で聞くものの方が多い、そうした絵画のひとつである」と記す。そしてフェルメールの作品については、「この時代の沈黙に満ちている」という。オランダ絵画が見せてくれるあらゆる情景に加えて、沈黙という本質的な要素があり、そのおかげで「魂が耳に入ってくる、少なくとも聞き取れるのである[20]」。

レンブラントは、自ら作り上げたのではないにせよ、視線をひとりじめにする対象が抽出する、無と純粋な空間と沈黙との間のつながりを大切にする術を心得ていた。レンブラントの絵のなかでは、沈黙は「追憶への招待」である。《夜警》に関して、それがかきたてる魅惑の要因のひとつは、「音のない奇妙な音に満ちている」ことだ。レンブラントは《嵐の風景》において、轟音や稲妻の前に、「オルガン曲の最終部の前に皆が感じるように、沈黙が濃密になっていくこと」によって、嵐が予感される瞬間をとらえた[21]。

ステンドグラスを眺めながら、クローデルはキリスト教の魂を放棄し、「これがあなたの沈黙だ」[22]と語りかける。『ロワール・エ・シェール県の会話』では、陶器それぞれがその周囲に「ある程度の広さの孤独と沈黙」[23]を必要としているのに、美術館に陶器をつめこむやり方を批判する。

瞑想のための絵画

ルイ十四世時代の歴史を専門とするすべての人たちのうちで、マルク・フュマロリが、この時代の絵画にみられるこうした沈黙の学校の分析をもっとも進展させた。フュマロリは、ニコラ・プッサンの絵画における雄弁な沈黙を分析し、ドラクロワによるプッサンの解釈を参照した結果を、「沈黙する絵画芸術は語る」と簡潔に表現した。[24]それゆえに創作するとき、画家たちは孤独と沈黙とを愛するのである。マルク・フュマロリによると、聖骸布は「口にされない言葉の響き」[25]をこのうえなく強烈に表現している。トリノ聖骸布は神の言葉に結ばれた内なる言葉を総合したものであり、感覚世界に投影され、発せられた言葉である。感覚世界の内部では、沈黙のうちに聞き取られた言葉は堕落するおそれがある。というのも、パスカルによれば、キリスト教徒の言葉は、それが「沈黙を守り」、内なる祈りの次元に持ちこたえるとき、「その分だけ力強く、胸を打ち、神という根元に近いものとなる」。マルク・フュマロリは、沈黙とは言葉を失うことではなく、本来の場所に近く、もっと共鳴する場所へととって返すことであると解説する。[26] したがって主人公の言葉をともなわないしぐさを描く絵には、意味のうえで大きな影響力があるのだ。鑑賞する者の観想へとさしだされた、無言の言葉を題材にするドラマツルギーとなる。これは先述した「霊操」で推奨された、内なる図像を思い描く訓練にもつながる。

何世紀にもわたって、特に十九世紀において、喜びの玄義、苦しみの玄義、栄えの玄義を描く敬虔な図像は、ロザリオの祈りを唱える〔ときに同時に黙想するという意味で〕基礎であったし、沈黙と結びつく、瞑想による探求の一環である。十七世紀には、黙ってイメージを伝える詩と、語って発言を伝える絵画が意識的に交替で用いられる。[27] きちんと理解しておく必要があるのは、この時代の鑑賞者が、現代のそれとは異なる視線を絵画に向けていたということだ。当時はむさぼるように絵画を凝視した。無言の対話のうちに、信仰の実践において霊感をえるに足るものを期待していたのだ。今日私たちが絵画に向ける視線は、ひたすら美学的考察にならうものである。歴史家にとって何よりも大事な仕事は、昔のまなざしを取り戻し、読者に説明することである。孤独にある人物を描く絵画はことに、「沈黙の効果」を生み、瞑想へとあらがいがたく誘うのだった。さらにマルク・フュマロリは、強力な沈黙の発語がとくに多い、いくつかの絵を列挙し、分析する。

ユイスマンス作品の主人公デュルタルは、作者の分身と考えてさしつかえないが、労苦を主題とすることが多いフランドルの画家たちを、「この世の思い出にとらわれて、(…)人間に(…)とどまっている」と考える。こうした画家たちは修道院の静寂と平和のなかだけで実行される、あの特別な修養は受けなかった。その反面、〔修道士であった〕フラ・アンジェリコは、「天使の領域」に達することができ、フラ・アンジェリコはそこにただよい、「祈りによって閉じた目は、絵を描くためにのみ」開くのだとデュルタルは強調する。フラ・アンジェリコは外を見たことはなく(…)己のうちのみを見つめたのであった[28]」。フラ・アンジェリコ作品における沈黙の濃度はそこに由来するのだ。

イヴ・ボンヌフォア〔フランスの詩人、一九二三―二〇一六〕は、ピエロ・デッラ・フランチェスカ〔イタリア初期ルネサンスの画家、一四一五/二〇―九二〕の《キリストの復活》の前に長い間ただずむ。この作品は、ボンヌフォワによると、とりわけ静黙するよううながすという。いやおうなくこの絵に耳を傾けさせられ、長い成熟がもたらす豊かさを失わせない。ボンヌフォアの目にこの絵は、〔十五世紀のイタリア初期ルネサンス様式である〕クァットロチェントにおける、遠近法による沈黙を押しつける他の絵画とは、異なるものと映る。それは「単に大きさと形の相関関係」の結果である。それに対し、ピエロ・デッラ・フランチェスカの沈黙は、「小瓶の水にうつる青空の影に、そよぎとざわめきでかすかな音をたてる世界の確実性[29]」による沈黙なのだ〔図

1、2を参照)。

受胎告知の場面は、それにふさわしく、相反する沈黙が完全に支配するものと解釈されるのが通例である。大天使ガブリエルの言葉、はたしてそれは口にだされたのだろうか。その言葉とそれに対する短い答えがあったにもかかわらず、深い沈黙が、マリアの魂の内面にある沈黙を反響させるのである。その沈黙は後に「聖母賛歌《マニフィカト》」が歌われてはじめて破られる。それと近い観点にたち、キリスト教芸術の圧倒的傑作とみなされる、ダ・ヴィンチの《岩窟の聖母》における沈黙を分析するマルク・フュマロリの腕は冴える。人物は沈黙し、ここにあるすべては「あらかじめ予感され、時と場所とを隔てて完遂され、みつめられる」(30)。すなわち受胎告知、キリスト降誕、洗礼、そして十字架である(図3を参照)。

ルーヴルに展示されているラファエロの小品は、のちに「聖母の沈黙」と呼ばれるようになった。マルク・フュマロリが《岩窟の聖母》に使ったのと同じ手法を用いるにふさわしい絵である。ジョルジュ・ド・ラ・トゥール(フランスの画家、一五九三—一六五二)の《聖ヨセフ》と、それが鑑賞者とかわす対話の深い沈黙については、後述する(図5を参照)。ラ・トゥールは、「決して描きすぎないというあのフランス的特徴、激しさと内面性とを保証するあの余白」、「ガリア的精神性(31)」の変わることのない特徴にかなっているともマルク・フュマロリは書いている。

十七世紀以降の沈黙の絵画

ポール・クローデルは、先にみたように、レンブラントの絵画を沈黙の絵画であると考えた。しかしそれ以後も、沈黙の画家と呼びうる芸術家が多くいた。数の多さに、一覧表にするのが難しいくらいである。それでもやってみよう。繰り返しになるが、ヴァニタスには、そこに描かれた静物がもつ沈黙に裏打ちされた沈黙が刻まれる。事物の静寂のうちに求められる「無の存在論」を描いた絵なのだとルイ・マラン〔フランスの哲学者、一九三一—九二〕は述べる。ヴァニタスの絵には、無言の、沈黙の視線を向けなければならない。観る者を、日常の活動をいったんやめ、自らの存在の終焉に思いをいたし、死を予期するように誘うのだ。同時に、観る者が生きた、過去の物語の亡霊を蘇らせる。この点に関しては、ル・マン美術館で見ることができる、フィリップ・ド・シャンペーニュ〔フランドル出身のフランスの画家、一六〇二—七四〕の《メメント・モリ〔ヴァニタス〕》が具える、並外れた力強さを強調しておこう。沈黙の学校である、こうしたヴァニタス絵画の顔は、マグダラのマリアと聖ヒエロニムスである。

十九世紀前半の画家には、強烈に沈黙の言葉を発する画家が一人ならずおり、カスパー・ダーヴィト・フリードリヒ〔ドイツの画家、一七七四—一八四〇〕はことにそうだ。アヌーシュカ・ヴァザク〔フランスの歴史学者〕によれば、この画家は、「地平線の言葉のない体験」を伝えてくれる。

たとえば《雲海の上の旅人》は、この上なく重い沈黙のうちに、うちつづく感情の動きを表わし、この無言の言葉は観る者に作用するのである〔図4を参照〕。アヌーシュカ・ヴァザクはさらに、「この旅人は、この私を表わすのと同時に、別人のように私から逃れ去る（…）。私に何もかもが見えるわけではないこと、私は見たいと欲すること、それでいて見るということは、暗闇にのこされたままの部分があるのを前提とするのだということが、この旅人からわかるのだ」[32]。このフリードリヒの絵に私たちが見て取るのは、沈黙のうちにある風景を眺めるときに、私たちが見るものだ。しかもこの画家が描く人物たちは、言葉のない不動の風景にあって、その驚嘆を伝える。しめされるのは黙想であり、それが自然に対する真正な瞑想から生まれる宗教的感動を表わすのである。そのうえカスパー・ダーヴィト・フリードリヒの日記には、沈黙や暗闇のなかに見たものを、作品にあらわにする前に、自らの内なる声を聞く必要を感じたという記述が読める箇所がある。

以上の主題を、さまざまな種類の沈黙の絵をもって具体的に説明するために、オルセー美術館の絵を、オルセーであるからには十九世紀後半のもので、誰もが覚えている絵を数点あげてみることにしよう。ミレー〔一八一四―一八七五〕の《晩鐘》と敬虔な農民たちの瞑想の沈黙、さらにブグロー〔一八二五―一九〇五〕の《ヴィーナスの誕生》における官能的な沈黙、そして、ドガ〔一八三四―一九一七〕の《アプサント》〔図6を参照〕における絶望の沈黙、意思疎通の不可能からくる沈黙、最後に、ピエール・ボナール〔一八六七―一九四七〕の《男と女》の二つの孤独がうむ沈黙である。

やはりこの時代に、沈黙の言葉の表現をつきつめたのは象徴派の画家たちである。それを証明する絵を数えはじめたらきりがないほどだ。フェルナント・クノップフ〔ベルギーの画家、一八五八―一九二一〕はその名も《沈黙》という絵を描いた。手袋をはめた女性が、二本の指を口元にたてている（図7を参照）。こうした象徴派の画家たちの作品においては、沈黙に夜というヴェール、あるいは夜という外套がもつ魅力が添えられる。それによって、黙想しながら真の現実を探す人物の超然としたさまが際立つ。アルノルト・ベックリン〔スイスの画家、一八二七―一九〇一〕の《死の島》と題された有名な作品（一八七八年版）に注目しよう（図8を参照）。沈黙は息づまるようであり、島へと向かうボートはそれ自体が島に囚われている。この絵は同時に、沈黙の象徴であり、取り消すことのできない死の象徴であらんとする。ギュスターヴ・モロー〔フランスの画家、一八二六―九八〕の《エウリュディケの墓の上のオルフェウス》では、いたるところに沈黙がある。「聖なる詩人は永遠に口を閉ざす。人と物の偉大な声は消えてしまった(33)」。

はっきりと沈黙から作品の題名をとる象徴派の芸術家も数多い。〔前述した〕フェルナント・クノップフのパステル画のほかには、フランティセック・クプカ〔チェコの画家、一八七一―一九五七〕に、《沈黙の声》と題された連作がある。モーリス・ドゥニ〔フランスの画家、一八七〇―一九四三〕は、〔フランス北西部〕ペロス゠ギレックのトレストリネル海岸を見おろす住まいを、「シレンツィオ」と命名した〔図9を参照〕。

二十世紀絵画と沈黙

時代は進み、シュールレアリストの作品に、専門家たちは、もうひとつ別の形の沈黙を発見する。たとえばマグリットの《光の帝国》は、何よりもまず、深い沈黙を描いた絵である〔図10を参照〕。ダリによる数多くの絵に、沈黙が広がり、胸をつきさすようになるさまを、ジュリア・ラティーニ・マストランジェロ〔イタリアの文学研究者、一九三四―〕は詳細に分析した。一九八二年に制作された《謎》には、永遠につづく、完全な沈黙を告げる古代の彫像が描かれる。ダリは一九三二年に《海辺にて》を描き、沈黙に支配された孤独な海の広さを表現した。「この孤独のなかに（ダリは）、海の沈黙を通じて、私たちの孤独と私たちの沈黙とが伝わる風景を素材に、絵を制作したのだ[34]」。ここでダリはまさに同時代に書かれた、ガルシア・ロルカ〔スペインの詩人、一八九八―一九三六〕の詩に着想したようだ。

お聞き、息子よ、沈黙を。

これは波打つ沈黙
沈黙
それにこだまと谷とが滑り落ちる
それは額を傾けさせる
大地の方へ。(35)

現代で、ホッパー〔(エドワード) アメリカの画家、一八八二―一九六七〕の絵を前にして誰もが感じるのは、この画家は何よりもまず沈黙を描いたということだ。道路の沈黙、街頭の沈黙、家並の沈黙、とくに人間と人間との間にできあがる沈黙である〔図11を参照〕。これについては後でもう一度考えよう。

ここまで沈黙を学ぶ場所として絵画を論じたが、いうまでもなくこれは、あらましをしめしたにすぎない。ここに粗描したリストには、加えるべき名が多くある。シャルダン〔(ジャン＝バティスト・シメオン) フランスの画家、一六九九―一七七九〕の作品における事物の沈黙にも注目すべきだし、自然のどんなささやかな震えにも耳を傾けようと、静黙した画家たちの名前もあげる必要がある。バルビゾン派の画家たち、特にテオドール・ルソー〔一八一二―六七〕、ゴッホのように、無人の部屋にただよう沈黙をほのめかす術を心得ていた画家たち、そしてもちろん沈黙が生まれる特権的な場所にこだわった画家たちである。

私自身の話で思い出すのは、場所の沈黙は作品のそれによって、いっそう浸透してくるということを証明したある体験だ。どういう具合でそうなったのか、ハーバード美術館の小さな展示室に、一時間の間ひとりきりで、りんごを描いたセザンヌの有名な連作を眺めていた。どういう手違いがあったのかは知らないが、私はそこで誰にも邪魔されることなく、完全な孤独と沈黙にあって、絵に対面していた。それまでたしかに、その作品の複製を何度も眺めたことがあったのだが、沈黙のコミュニケーションが生まれ、それによって沈黙の感じ方が変わり、深くなったのを感じたのだった。

文字と沈黙

沈黙を文字に結びつけるものには、数多くの作家たちが魅了されてきた。白紙のページに感じるめまいには、沈黙が、無と創造との間のハイフンが染み込んでいる。別のレベルでは、創世記において、天地創造の前にあるのは、沈黙する白紙のページである。書くということはたわいのないことと、モーリス・ブランショ〔フランスの批評家、小説家、一九〇七―二〇〇三〕は考える。「沈黙の大洋に対する、紙の防波堤。沈黙、それだけが最後の言葉を手に入れる。言葉にちらばった意味を手にする。そして書きながら私たちは結局、沈黙へと向かい(…)、沈黙に憧れる（…）。沈黙を守ること、自分でも知らぬ間に、私たち誰もが書きながら望んでいるのはそれである」[36]。創造する空間は、白紙のページである。フランソワ・モーリヤック〔フランスの小説家、一八八五―一九七〇〕が看破したのもそのことだ。「偉大な作品はすべて沈黙から生まれ、沈黙に帰る（…）、ローヌ川がレマン湖を横切るように、コンブレーの一帯を、ゲルマント家のサロンを沈黙の川が流れて、それらとまざりあうことはない」[37]。文字を沈黙の学校にして、読者に沈黙の多様な抑揚を分析するよう教えた作家の名をあげればきりがない。モーリヤックの『テレーズ・デスケイルー』を主題に、マイケル・オドワイヤー〔アイルランドのフランス文学研究者、一九四七―〕がおこなった素晴らしい分析をひくにとどめよう。この小説はまさしく、読者にあてた沈黙を学ぶ予備課程である。オドワイヤーが指摘する、言葉に関わる沈黙の形は、十をくだらない。主体の消滅あるいは、人間同士のコミュニケーションの不可能性を表わす沈黙、「存在の闇」に主体をひきわたす沈黙、内なる旅である沈黙、他者に由来する、無を指し示す切迫した沈黙、世界の喧騒に抵抗するために生み出された沈黙、そして私たちの関心によせると、物思いの沈黙、語りえぬものを暗示によって語る沈黙。モーリヤックにとって、人間の悲劇はほとんど必ず沈黙と不可分である。「生者の悲劇は沈黙において続き、沈黙において結末を迎える」[38]。

沈黙を学ぶ場としての文字にふれたところで、時代を遡って、アルベール・サマン〔フランスの詩人、一八五八―一九〇〇）の「王女の庭で」の詩句を読んでみよう。ガストン・バシュラールの「沈黙の大きなうねりが詩のなかでふるえている」[39]という言葉を例証する詩句だ。

私は夢見る、親しげな花柄のやわらかい詩を
羽のように魂にそっと触れる詩を

黄金色に輝く詩を、そこでは流れるような意味がほどかれる
オフィーリアの川に沈んだ豊かな髪のごとく

律動も脈絡もなく沈黙する詩を
音のない脚韻は櫂のようになめらかにすすむ。

この本であげてきた静寂は、ここにはひとつもない。パトリック・ロード（フランスの文学研究者、一九五八―）によれば、この詩は沈黙を学ぶ場に他ならず、私たちを「魂の実体が具える動かざる沈黙へと内観するよう導く」、沈黙の音楽を書いたものである。[40]

映画と沈黙

沈黙を学ぶ場としての映画については、本がひと組、書けてしまう。それほどに入り組んでいるのだ。専門家たちが指摘するいくつかの特徴からは、いくつもの基準を取り出すことができる。沈黙は映画監督にとって挑戦となる。というのも、映画監督が具現化しなければならないのは、一見したところ表現できず、含み、ほのめかし、言外の意味といったものに属するものだからだと、ニナ・ナザロヴァ〔ロシア出身の文学研究者〕は記す。[41] その一方で、問題の現われ方は結局、画家や劇作家と同じなのである。無声映画が感情の動きや気持ちを語るやり方には、この上ない効果があった。これについては、誰もが知っており、ドラキュラやフランケンシュタインが作り出した怪物の音もない登場、ドライヤー〔(カール・テオドール) デンマークの映画監督、一八八九―一九六八〕のあれほど表情に富んだジャンヌ・ダルク、そしてもちろんチャーリー・チャップリン映画における愛の感嘆が思い浮かぶ。無声映画の語る身体という主題をあつかった著作は数多い。キング・コングの掌中にあるフェイ・レイ〔カナダの女優、一九〇七―二〇〇四〕の叫び声は、映画史上もっとも音がない。それによって、無声映画における沈黙とは一個の素材であり、感じることのできる要素だということが証明されるのだ。

ただし、こうした映画では、沈黙以上に身体が話すということもまた指摘されてきた。メイクや大げさな所作やマイムの類すべてによって、身体表現が強調される。トーキーが登場して、身体は部分的に言葉から切り離された。それに加えて、無声映画にはたいてい、状況を説明する音楽と、字幕がつけられていたことも忘れないでおこう。それゆえにポール・ヴェキアリ〔フランスの映画監督、一九八〇―〕は真の沈黙はトーキーにあると断言するのである。[42] そしてもちろん、沈黙に左右される映画音楽も、沈黙と連動するという。

実際のところ、長い間、映画表現はごくとらえがたいものであった。トーキーの沈黙は「それを取り巻くものの共鳴板として働き、沈黙の前の大音響や後の鋭い音、あるいは前後にはさむもっと深い沈黙によって、豊かになるのだ」。沈黙は「それが心安らぐものであれ、耐えがたいものであれ、濃密なものであれ、がらんとしたものであれ[43]」私たちに語りかける。沈黙を感じとらせるのは監督の仕事である。アラン・モンス〔フランスの研究者〕は、アントニオーニ〔ミケランジェロ〕イタリアの映画監督、一九一二―二〇〇七〕の《欲望》において「沈黙の架空の音を見るべきである」という。「軽く触れ合う音の振り付け」、「沈黙と、聞こえてきそうな叫びとの間の」緊張感がここでは「目に見えるものにある騒々しい沈黙」をかきたてる。ささいなことに思われるかもしれないが、言い添えておく。映画はときに動物の視線と同時にその沈黙をも写し取り、「獣化した時間の静かな生命力」を、観客を見つめる雌牛の沈黙を、夢見るような猫の沈黙を、ハエの激しい羽音をみせるのである。[44]

とはいうものの、映画はこの領域に関しては、雄弁さをどんどん失っている。重ねていっておくが、映画表現は、ごくとらえがたいものであったし、一般的に今日の観客はこの表現を味わうことをやめてしまった。

第7章

沈黙という戦略

社交における沈黙の役割

ここで瞑想や内省をうながすための沈黙から離れ、社会的関係における沈黙の役割について、じっくり考えよう。その沈黙の利点と欠点、自己イメージの輪郭との関係、沈黙が洗練の探求にもたらすものについて、一言でいえば、モラリストが勧める戦略、もっと広くとらえれば、孤独の外で経験される、沈黙の効用と害とについて考えた人々が勧める戦略について考える。

沈黙する技は十六世紀末にはすでに、多くの著作の主題となり、多くのアフォリズムが作られた。もちろんそこに霊性がまったくないわけではない。イエスが福音書のなかで無口である箇所を根拠に、社交においても沈黙は美徳とされた。たとえばイグナティウス・デ・ロヨラは、キリストの沈黙を模範とした沈黙の技を推奨する。一八六二年の『倫理神学辞典』にはまだ沈黙は何よりもまず美徳と考えるべきであると書いてある。ここでいう美徳とは、時宜がきたときのみ話し、「たくさん話すよりは、ほとんど話さず、なぜなら間違えたり罪を犯すことなくたくさん話すことは難しいからである」。ときに「その罪は、秘密をいわずにおくことができず、他者を害することを口にする場合、致命的なものとなる」(1)。

古代には大変重要な沈黙の例が複数みうけられる。ソロモンは箴言のなかで、「口を閉じる者は知恵があると思われる」とうけあう。冥府に閉じ込められたアイアース〔の亡霊〕は、二人の対立の元となり、アイアースを自死においやったアキレウスの形見の武具をめぐる争いの話をするオデュッセウスに、悲劇的な沈黙で対抗する。同じく冥府では、ディドが、〔自らを捨てた恋人〕アイネイアスに、ぞっとするような沈黙で答える。またストア学派の哲学者たちは、沈黙を幾重にも激賞する。

アリストテレスは、沈黙がいつも褒美を携えていると考えた。セネカは沈黙を賢者の徳のひとつにした。プブリリウス〔前一世紀ローマのミモス〔口上・軽業〕作家〕は沈黙について多くの格言をものした。いわく、「口をつぐむべし、さもなければ言葉を沈黙よりも価値のあるものにせよ」。ディオニシウス・カトーはといえば「黙ることには少しの危険もないが、話すことには危険がありうる」と言い切る。

宮廷で守るべき沈黙

近代でも、話すよりも黙る方が危険が少ないという確信は、たえずくりかえされる。宮廷人の規範に由来する考え方である。言葉が脅威になるという確信ははじめ、宮廷社会を規定する命令と一致する。たとえば十六世紀から十八世紀まで、沈黙の技法をあつかう主だった本からは、ノルベルト・エリアスが明らかにした文明化のプロセスを具体的に知ることができる。本の内容が、そうしたプロセスの特徴である、規範の内面化に一致するのだ。

ことに有名なバルダッサーレ・カスティリオーネ〔イタリアの文学者、外交官、一四七八―一五二九〕の『宮廷人の書』以上に、バルタサル・グラシアン〔スペインの作家、イエズス会士、一六〇一―一五八〕の『神託必携』〔仏訳『宮廷人』〕が、沈黙の技法の母体になっている。ただしバルダッサーレも著作のそこここで、沈黙の技法の雛形をしめしてはいる。たとえば、宮廷人はおしゃべりになりすぎないようにと忠告する。求められてもいないのに主君の前で会話に加われば、危険に身を置くことになる。こうした状況では、身分の高い者が、権利もなく話し始めたものに恥辱を与えるために、それにわざと答えないということがよくあるのだ。こうして主君は沈黙の主人であるとわかる。宮廷人には常に、心に浮かんだことを口にする前に、よく考える義務があるのだ。行き過ぎた饒舌をみせる人々はやがて、「放心して無気力」になる。沈黙を破るなら、必然的に場所と時と欠かせない慎み深さとを同時に尊重することになる。会話の最中には、自らの沈黙に拍子をつけ、相手が話したり、「反論するために熟考する」ことができるようにせねばならない(2)。

イエズス会士のバルタサル・グラシアンは、一六八四年に『宮廷人』と訳された著作において、沈黙という戦術にまつわる考察をさらに押し進め、それを「賢明さの聖域」すなわち節度と慎みの聖域と呼ぶ。賢い人は、自制する術を知る。グラシアンはその点でセネカやタキトゥスから影響をうけ、また当時、大流行していたスペインの箴言集の影響もみられる。初対面の人には、まず「手際よく探りをいれる」べきである。間違っても自分のことを話してはならず、ゆめゆめ愚痴はいわないようにする。何より「聞いてもらうためには、話そうとしてはいけないのである(3)」。

会話する、つまり他者と関係を結ぶとは、ひとつの技法であり、「教養と礼儀の学校」であり、会話を通じて人は自らの値打ちを知らしめるのである(4)。「誰であれ答えるに拙速な者は、常に負けて、説き伏せられる寸前にある」。さらにバルタサル・グラシアンは考えを徹底的に進める。「なしたいことを語ってはいけない。なんとなれば語るに才のある者は、なすには優れないのである(5)」。慎み深い人というのは、真実をいうのが危険なときは、口をつぐむものだ。

たしかに無知ゆえに沈黙という聖域に撤退することもよくある。「欠陥のある者」は黙ったほうがよい。沈黙が「謎めいた人にみせてくれる」からだ。そのうえ秘密のない人というのは「公開書簡」も同じであるから、いっそう話さないようにすべきなのだ。バルタサル・グラシアンは厳しさをつきつめ、「遺言書を口述するかのように話さねばならない……」[6]と書くにいたる。グラシアンの著作は、一六三〇年から八四年の間に出版され、フランス風の〔宮廷にみられるような礼儀をわきまえた温厚な人〕オネットムを養成するのを目的とした、沈黙する技法にまつわる一連の本と時を同じくしている。しかしヨーロッパ全土で、最良の礼儀作法の古典であり続けたのは、グラシアンの手引書であったとマルク・フュマロリは記す。自らに関わることには節度をもって遠慮するのは、自分自身について一定の沈黙を守る必要と一致し、愚か者が大仰に話すのも防ぐ。さらにまたマルク・フュマロリが書くところによると、沈黙する技術は、他者を宙ぶらりんの状態におくやり方であり、「欲求や好奇心や驚きといった効果[7]」に配慮するやり方でもある。さりながら、知恵の技法はやはりとても難しい戦略なのだ。

会話における戦術

十七世紀そして十八世紀を生きたモラリストの多くが、この伝統に与する。この時代、会話が決定的に重要になる。会話とは、物思いにふける沈黙と、豊富な対話とを交互におこなうもので、モンテスキューが書き記す通り、十分に話を聞いてもらえることは決してない。ラ・ロシュフコーは、「沈黙とは、自分に自信がない人のもっとも信用できる部分である」と言い切る。虚栄心に駆られて発言するのでなければ、言葉少なになるという指摘だ。「話す技術が豊か」であっても、「やはり口をつぐむべし」とも述べ、これに関しては雄弁な沈黙、からかいの沈黙、恭しい沈黙を区別するのだ。いずれにせよ、聞く方がよいのであって、無理にしゃべろうとしてはいけない。拙い無駄話をする傾向があるため、あだっぽい女性と老人はとりわけ、他の誰にもまして沈黙するのが身のためなのである[8]。ド・サブレ夫人〔(マドレーヌ・ド・スヴレ) フランスの文学者、一五九八―一六七八〕いわく、「話しすぎるということは、かくも重大な難点であって、取引や会話については、良質なうえ短ければ、二重に好ましく、言葉が過ぎたら失うものを、簡潔さによって得られるのだ」、またいわく、「他者の内面を見い出し、おのれの内面は隠す術をしかと心得ること、これが卓越した精神の大きな特徴である[9]」。

ド・モンカード氏〔(ボナヴァンチュール・ダルゴンヌ) フランスの文学者、一六四〇―一七〇四〕は「有益なことしか話さないのなら、世界は静まりかえるだろう[10]」と指摘する。ラ・ブリュイエールがいうには、賭け事にふける人たちは「深い沈黙」を守り、それは他の状況では払うことのできない注意力によるものだ[11]。デュフレニー〔(シャルル) フランスの劇作家、一六四八―一七二四〕は宮廷に新参者が紹介されるさまを描写して面白がる。「この人は動きもしなければ話しもしない。賢い人だと人はいう。というのもその謙遜と沈黙とに、知恵があったのだ。わずかでも動いたり話したりしたならば、それだけでこの人がただの間抜けであることがわかってしまっただろうから」[12]。

ディヌアール『沈黙の技法』

一七七一年には、やがて広く読まれることとなる本が出版される。ディヌアール神父〔(ジョゼフ) フランスの神父、説教師、一七一六―八六〕の『沈黙の技法』である。ここまでみてきた内容を、著者は力をこめ、微に入り細を穿ってとりあげる。その主張の根本は、「沈黙するとき、人はいつにもまして自制する」[13]というものだ。この概説書が与えた影響に鑑みて、詳しく検討してみよう。ディヌアールは一一種の沈黙を区別する。慎み、狡猾、愛想、才気、愚かさからくる沈黙、さらにもちろん賛成、軽蔑、気分、気まぐれ、繊細な駆け引きのあかしである沈黙。ディヌアール神父が目指したのは、何をおいてもまずキリスト教徒の礼儀作法概論を編むことであり、その点でディヌアール以前の著者たちとは異なる。そのうえディヌアール神父は、宮廷やパリのサロンや文学者を越えて、知恵の範囲を拡大し、哲学的精神、合理論、唯物論に真っ向から反対しようとしたのだった。フェヌロン〔(フランソワ・ド・サリニャック・ド・ラ・モト＝フェヌロン) フランスの作家、大司教、一六五一―一七一五〕の『テレマック』にみられた、よく統治すれば黙ることになるという、古くからある信念を、ディヌアールは繰り返す。他の誰よりも、君主が沈黙するとき、これ以上ないほど自制できるのだ。

アントワーヌ・ド・ベック〔フランスの映画史研究者、映画批評家、一九六二―〕は、ディヌアールの『沈黙の技法』を解説しつつ、この著作においては、沈黙と身体のレトリックとの間に関係が生まれるということを付け加える。黙ることは、社交において、身体のレトリックの中身である節度ある身ぶりに、抑制された表情に、何気ない表情に、節制の技法に一致する。社交において、人が黙るとき、その沈黙に、自然で欠かすべからざる助けであるところの表情、態度、物腰、視線がともなわなければ、価値も意味もなくなると、一八八五年にエミール・ムーランは断言する。(14) ディヌアールに戻ると、キリスト教徒として、社交家として、政治家として、戦略家として口をつつしむようながす。それはつまり前世紀に形どられたオネットムの礼儀作法を取り戻すことになるとアントワーヌ・ド・ベックは書く。ディヌアールのアフォリズムには、当人の戦略を端的に表わすものがある。「沈黙するよりも価値あることをいえる場合をのぞいて、口をつぐむのをやめてはいけない」。「前もって黙ることを体得していなければ、上手く話すことは決してできない」。「賢者には雄弁な沈黙がある」(15)。それに反し、「無作法で愚かな庶民は黙る術を知らない。それは教育がないためであり、思い上がりのせいであり、盲信ゆえでもある。文学における沈黙については、作者の多くが沈黙に着想して、何も出版しないほうがよかったろう。

そうはいっても、社交界では、沈黙が戦略的ねらいにいっさい対応せず、「無口」という性格の特徴がもたらす結果にすぎない場合もあると、エミール・ムーランは述べる。モリエールは〔『病は気から』に登場する医者〕ディアフォワリュスに、その息子について「決して一言も話さず、〔優しくて穏やかで無口だと〕思われていた」というセリフを語らせた。エミール・ムーランは、常に沈黙を守る、さまざまな人を紹介する。ラシーヌのエステルの話によれば、クセルクセス一世〔古代ペルシア・アケメネス朝十代目の王、?―四六五〕は口をつぐみ続けたという。オラニエ公ウィレム〔ネーデルラント連邦共和国諸州の初代総督、一五三三―八四〕は寡黙公という異名をとった。この他に、自分に自信のない臆病者もおり、そのためにエミール・ムーランは、戦略にはほとんど関わりなく、ディヌアールの手になる沈黙の一覧にあてはまらない一連の沈黙を提示したのである。「無気力」「冷静」「不信」「疑念」「皮肉」、何が起こっているのか理解できない者が余儀なくされる「礼儀」の沈黙がそうだ。もちろん年配者がいるところの「思いやりの沈黙」もある。「恭しい遠慮」の、礼儀の、諦めの、あるいは「悲痛な共感」の沈黙だ(16)。

十九世紀における社交の沈黙

十九世紀には、セナンクールのオーベルマンが「言葉をさしはさむために話し、ものごとをいおうとしない会話(17)」を口を極めて非難する。バンジャマン・コンスタン〔フランスの作家、政治家、一七六七—一八三〇〕の小説では、アドルフがゲッティンゲンに住んでいた頃、憂鬱に打ちひしがれ、内気ゆえに沈黙を余儀なくされ、時には話したい欲求を感じるが、交際する社交界は、嘲りが静かな軽蔑に変わる場所で、幻滅を抱き、尻込みする。[18]

一八五四年九月二三日の日記に、ウージェーヌ・ドラクロワは、会話や「あらゆる種類の関係」のなかで、黙るという選択によって得られる効用を詳細に述べる。ドラクロワの心理分析は、先人の教えを掘り下げる。残念ながら、「想像力に動かされる人たち、ものごとのあらゆる側面をたやすくみてとり、内面の事態を表現しない方がこたえる、繊細な人たちにとって、こういう慎みほど難しいものはない」とドラクロワは断言する。しかしながら「反対に話を聞けば得になることばかりだ。話し相手にいいたいことで、ご存知の通り、頭がいっぱいになる。相手が話すことは、おそらくはわからない（…）。しかし、自分の話を耳にして驚きうっとりとした様子の相手の心に対して、人は好意的な意見をくださずにおられようか」。それでもやはり「愚か者は他の人々よりもずっと、自分が話して、自分の話を聞くという無駄な楽しみに流されやすい（…）話し相手を教えるというより魅了しようとするのだ[19]」。

ジェラール・ジュネット〔フランスの文学理論家、一九三〇—〕は『ボヴァリー夫人』を対象に、フロベールにおける沈黙の文学的目的性を研究した。ジュネットの目には、時に物語が黙り、囲いの外へと逃れていくようにうつる。ベルナール・マソン〔フランスの文学研究者、一九二五—二〇一三〕の分析は異なる。〔最初の妻の死後、エマのいる〕ベルトー農場に、ボヴァリーが気がねなく通うことができるようになった場面で、フロベールはボヴァリーとエマの出会いにおける三つのシーンを描写する。田舎風に、二人はグラスを触れ合わせる、それから語り合うこともなく二人は黙る、とうとう二人は話しだす。あたかも小説を書く行為そのものにおいて、「沈黙から言葉への移行が困難であったかのように」、いっときは「雑音によって際立ち、強度を増す」静寂に耳を傾ける登場人物が、「言葉の目覚め」へと一挙に身を委ねたかのように。[20]

ポール・ヴァレリーが現代のモラリストの系譜に与するようになったのは、後年になって、モラリストたちのアフォリズムを友好と親密さの次元に移し替えるようになったときのことである。「真の親密さとは、恥ずべきこと *pudenda* と言わざるべきこと *tacenda* の相互の意味が基になる」。そして「同じ度合いの慎みをもつ人の間でしか、真の意味で親密になることはない。性格や教養や趣味といった残りのものは、さして重要ではないのだ」。「真の敵」はといえば、「沈黙している」。[21]

ジュリアン・グラックは、巧妙な戦術に言及する。会話の最中に、話し相手がときに意表を突く沈黙をおくことがある。「ほとんど無礼な」沈黙であり、空白をあけ、「何もいわずにこちらを見つめる二つの目に、自らの周りにこの沈黙を生みだしえた二つの目」へと導く。『シルトの岸辺』でオルセンナの司令官がアルドに自らの権威を知らせるために使う戦術である。[22]

農民の沈黙

　別の世界をみてみよう。農民は沈黙の戦術を多用するが、その方法は独特で、秘密を守る必要から生まれたものだ。いま一度いうと、十九世紀の農民とは無口な人物である。口数少なく、祈りの行為に至るまで言葉は無用のようだ。アルスの司祭は、小教区のある農夫が聖体を拝みに几帳面に教会を訪れるのに気づき驚く。その農夫は沈黙のうちに、唇すら動かすことなくおこなうのである。とうとう善良な司祭は、いかなる信仰心にかられて、聖体顕示台の前にこうして無言でひざまずくようになるのかと農夫に尋ねた。農夫は最小限に祈りを定義して答えた。「私が神を見、神が私を見ます」。この農夫は教会のなかに自らの寡黙なふるまいをただ移し替えたのだった。ゾラが『大地』で描いたファン爺さんは、一年間がらんとした家で生活し、「悲劇的な大いなる沈黙」を常につらぬき、所有地を拡大する計画を反芻したのだった[23]。田舎では、沈黙はまず戦術なのだ。沈黙によって家族の秘密は露見せず、名誉という相伝資産も毀損されることなく、守られる。沈黙は集団の連帯を確固たるものにするのである。所有財産の規模も購入する計画も伏せられる。復讐したいという願望があった場合にも、隠すことができる。口をつぐむということは、たえず沈黙の隠すものをつきとめようとする他人がひろめる世間話から、身を守ることである。この点に関しては、こうした環境で計画が実現するには、野心的なものも悲劇的なものも、時間がかかるということを頭にいれておく必要がある。肝心なのは、発覚しないことなのだ。

この戦略的沈黙の他に、農場に行き渡るものもあり、これは心を落ち着かせる。農民は沈黙が生みだす平穏の図を好む。そこでは誰でも自分の考えを表わすことができようが、それでも皆話すことを控えるとイヴォンヌ・クルブ〔フランスの文学研究者、一九二〇—二〇〇三〕は指摘する。[24] ものを尋ねる人に向けられた不信感だけが、この沈黙の原因ではない。人が黙るのは、他の人たちの関心をひくことができないと考えていたり、フランス語で話すことが下手だったり、できなかったりするからだ。対話者が主人やブルジョアであるときには、社会的・文化的溝のために固まってしまう。自分の考えを話すことへの過度の恐怖は、代々受け継がれ、税役人や警察や判事がおこなう調査にはられた罠のせいで、続いていくこともある。そのうえ、慣習によって、文書も言葉すらも交わさずに合意がなされる。いわゆる黙約共同体の継続や、黙示の更新の範疇にあるものはすべて、この沈黙に基づくのだ。職人や女中の雇用の周旋所にしろ、分益小作の文字化されない契約にしろ、変わらない条件に応じたあらゆる契約の更新にしろ、すべてがそうである。沈黙のうちに、合意は延長され、あるいは破棄される。イヴォンヌ・クルブの結論によると、こうした田舎では、長い間、沈黙が影響力をもち、慣習を維持してきた。この慣習は、慎重である反面、発展にブレーキをかけてきたと考えられる。

とはいうものの、この環境に向き合う歴史家は、ある誤解に陥りやすい。日々生活したり話したりする環境の外では、ほとんど気を緩めない人たちの寡黙さや沈黙を、誤って過大評価してしまうのだ。農民の沈黙はひとつの財産である。言葉数が少ないのは、言葉が貴重だからであって、口調がゆっくりと落ち着いて、したがって聞き取りやすいのは、信ずるに足るようにあろうとするためだ。こうした環境においては、話し出す前の長い沈黙が、発言する大胆さに対する評価を高める。さらにいえば、犯罪捜査時に証人となった農民がしめす沈黙からは、法律と、国土で実際におこなわれている、多種多様な規範体系との不一致ゆえに、無理解が生じていることがわかる。つまるところ、農民がみせるようなだんまりは、完全に一致するのではないにしても、沈黙と同じ性質をもつのである。だんまりは、たいがい言外の意味のうえに成り立つ。言外の意味は言葉を必要としない。言葉を規定するのとは別のコードの習得が前提となる。発言を根拠とする場合とは、別の形態をとる暗黙の了解が必要なのだ。これが「沈黙は同意のしるし」という諺が表わす内容である。農村社会のうちでは、十九世紀にはことに、沈黙と言葉による駆け引きがきわめて複雑であったのだ。したがって歴史家は、強制された沈黙、考えぬかれた沈黙、含みのある沈黙、道具として用いられる沈黙、そして発話のコントロール不全に起因する沈黙を一度に区別しなければならない。もちろん、エリート層が農民の言葉を、当を得ず、理解できない、とるにたらないものと判断し、記録することを拒否したケースも見抜く必要がある。

ジョリス゠カルル・ユイスマンスが田舎に抱く嫌悪は、以上のすべての事柄がその理由だ。これについては、この先でまた扱うことになる小説『仮泊』が素晴らしい証拠である。ある都会者の夫婦が、叔父と叔母のもとに身を寄せるが、この叔父と叔母は無口な人たちで、二人の沈黙といおうか、とにかく口数の少なさは、儲けへの飽くことをしらない貪欲をみえなくする。もっぱら甥たちから財産を騙し取ることを企んでいるのだ。叔父と叔母は沈黙を巧みに操りつつも、田舎者がパリジャンに話す場合に、敬意をみせる伝統にしたがっているというふりをするのだった。二人とも、寡黙な人物、慇懃な人物、偽善者をうまく一体化する。姪と甥の相手は、暗黙の了解によって結束し、一生涯、固く結ばれた夫婦だ。ユイスマンスは沈黙とだんまりという戦術の重要性を非常によく表現するのである。

際限がないだろうが、他の多くの階層における沈黙の用法を探索することは可能だ。軍隊内部では、身振りによる合図の習得がおこなわれているし、これは狩猟を実践するときには、なおのことふさわしい。ソローはメイン州の森の探検を語り、インディアンの狩人の仕草を描写する。狩人は斧をもち、茂みに音もなく滑り込む。足取りは独特で、「しなやかで、静かで、ひそやか」であり、前進すると同時に、「あちらこちらの葉に、音もなく一滴の血で」印をつけるのだ。[25] 歴史家のシルヴァン・ヴネール〔一九七〇―〕は、十九世紀後半に、外国の領土、しばしば植民地で展開する大規模な狩の進行に、沈黙が拍子をつけ、流れを区切り、それによって心が強く動かされるのを、うまく感じ取らせる。獣を襲う前には、たっぷり半刻は続く、待ち伏せの期間があり、その間は胸を高鳴らせつつも、絶対の沈黙を守らねばならないのだ。[26]

第8章
愛の沈黙から憎悪の沈黙へ

愛の養分としての機能

沈黙は激しい愛の大切な成分である。これをモーリス・メーテルリンクほど巧みに語れた人はいない。やや長くなるが、メーテルリンクの言に耳を傾けよう。「もしも天使の住まう深遠まで、一瞬でもおのれの魂をおりていく機会があったなら、深く愛する人についてまず思い出すことは、その人が語った言葉や、その人がみせた仕草ではなく、ともに経験した静けさだ。なぜならそうした静けさの質によってのみ、愛と魂の質が明らかになったのだから」。これが「能動的な静けさ」である。というのも、もうひとつ別に、「受動的」なもの、これは「眠る静けさ」であり「眠り、死、あるいは存在しないことが反射したものにすぎない」(1)。

静寂は「おのおのの愛のうちの、特別に未知なるものを伝える使者」である。この領域では、静寂はそれぞれ異なり、愛の運命は、「二つの魂が形作っていくこの最初の静けさの質」にかかっている。この初めの静けさにおいて、ふたりが理解し合えなかったとすると、「ふたりの魂は愛し合うことはできない。なぜなら（…）ふたりの魂の間で静けさが変わることはありえず、静けさの性質が変化することも決してないからだ。ふたりの死に至るまで、その静けさは、最初に閨に忍び込んだときそのままの姿かたちと威力とをとどめるのである」[2]。言葉では、ふたりの人間の間に現実にある特別なつながりを表現することは決してできない。より広い見方をすれば、愛や死や運命にまつわる真実を「私たちが垣間見ることができるのは、静けさにおいてのみである」[3]。私たちおのおのが具える秘密の静けさにおいてのみだ。「誰かに好きだと告げたとしても、他の大勢の人に私がいってきたかもしれない言葉を、相手は理解しはしない。しかし、本当にその人が好きなら、沈黙がつづき（…）、そこから静かな確信が生まれるのだ」[4]。メーテルリンクは締めくくりにこう問いかける。「愛の味わいを決め、固めるのは、沈黙ではないか。沈黙がなかったら、愛には味もとこしえの香りもない。魂を結合させるために口を開けるあの無言の数分間を経験したことのない人がいるだろうか。たえずその時を追い求めなければならない。愛の静けさほど素直な静けさはない。ただひとつ、真に私たちだけのものなのだ」[5]（図12を参照）。

幾年も待ち望み、激しさを味わいつくす愛のめぐりあいでは、私たちは「時を告げる鐘や、沈みゆく太陽」についておしゃべりするのだ。「唇や思いが発するささやきには邪魔されない、もうひとつの静けさにおいて、たがいに感嘆し、抱きしめ合う時間を魂に与えるために」[6]。この点でメーテルリンクは、「大切な人を心やさしく愛し、その人の何もかもを許そうとするとき、しばらくの間、黙ってその人を見つめることしかできない」[7]と書いたジャン・パウル〔ドイツの小説家、詩人、一七六三—一八二五〕に思いをはせるのである。

ジョルジュ・ローデンバックは、メーテルリンクと同様に、沈黙のうちの人間同士の交感という象徴派の理想に意を一にする。たとえば初期の詩のうちのひとつで、このように記す。

あなたの愛のうちに入る、教会のうちに入るように
沈黙と香の青いベールがただようそこに。[8]

別の詩でローデンバックが描くのは、恋する男がランプのない寝室に横たわり、命を絶った恋人を思い出そうとする姿だ。

甘美！　もはやお互いの区別がつかず
二人は一体となる
沈黙！　同じ香りのふたつの香気
同じことを思いそしてそれを語り合いはしない。[9]

マックス・ピカートはといえば、一九五五年の時点で、言葉以上に沈黙が重要だと断言した。恋人たちは共謀者であり、沈黙の共謀者であるとピカートは記す。恋する女は言葉よりも沈黙に耳を傾ける。『黙って』と彼女はささやくようだ。あなたの声が聞こえるように、『黙って』と」。したがっておたがい口をつぐむときの方が、愛するのはたやすい。「なぜなら沈黙において、愛はもっとも遠くまで広がっていけるのだから」。沈黙はまた深い友情の証にもなる。マックス・ピカートはペギー〔(シャルル)フランスの詩人、思想家、一八七三―一九一四〕をひいて、友を描写する。「ともに沈黙する、並んで沈黙する、口をつぐんで長い長い間歩き、静かな道にそって行く喜びを味わう。幸なる二人の友、心を寄せ合っているので、沈黙する(ことができる)。沈黙することができる世界で」[10]。

十六世紀から二十世紀におよぶ愛の沈黙

愛における沈黙の深さへのこだわりについては、はるか昔までその系譜をたどることができ、宮廷風恋愛を思い浮かべていただきたいのだが、もっと俗っぽい思いで織り上げられた、過去にさかのぼらなくてはならない。『宮廷人の書』のなかでバルダッサーレ・カスティリオーネは、一五八〇年に、厳密には沈黙のうちの恋の出会いだけについてではないのだが、強く愛するものは言葉数が少ないとうけあっている。ロレンツォ・デ・メディチ〔イタリアの政治家、詩人、一四四九―九二〕の口を借りて、真に恋する者たちは「心が燃え上がるのと同じくらい冷え切った舌」をもち、「話はとぎれがちで、突然沈黙がはさまる」[11]と述べるのだ。バルダッサーレ・カスティリオーネは助言を惜しまない。いわく、宮廷人が愛を知らしめるには、言葉ではなくむしろ態度で愛をしめすべきである。「千の言葉」よりも、ため息や、崇敬あるいは畏敬をみせるふるまいの方が、恋慕の情をよく伝えるのだ。両目が「目から心に至る道を両方向にたどる」[12]ようにせねばならず、その時にはまなざしは「触覚」であることを忘れてはならない。目こそが「微笑をたたえ、愛撫するよう」でいて、無言のうちに矢を射るのである。目こそが沈黙のうちに恋の協定に押印するのである。「目は愛する人の瞳のうちに自らの光を送りこみ、そのとき相手もまったく同じことをする。なぜなら二人の心が出会うのだから」。目こそが「優しい衝突」[13]をうみだす。恋するふたりは、目を通じて「心にあるもの」を読みとらせる。ふたりは「長く自由な愛の言葉」を交わすが、それは慎みと用心深さのために、同席者には気取られないはずだ。恋人たちの目は無言で、大切な言葉だけを語るのである。[14]

愛し合う者たちの生活に沈黙があることは、古典主義時代の小説が明確に述べるところである。『アストレ』〔オノレ・デュルフェによる田園小説、一六〇七年出版〕では、寝台が「秘密と沈黙とのうちに密かに獲得された愛情のしるし」[15]の場所と呼ばれる。驚くべきは、ミルトンが描く地上の楽園の中心で、愛へと誘う沈黙の様子だ。アダムとイヴが生まれた場所で結ばれたとき、詩人は「沈黙は有頂天であった」と述べるのだ。パスカルは「恋するときには、沈黙することが語ることよりも価値がある（…）無言の雄弁というものがあり、言葉にはかなわないほど浸透するのだ[16]」。

ロマン主義時代は、この点について、モラリストたちの命令と、象徴主義者たちの繊細さとを結びつける。〔バンジャマン・コンスタンの小説の主人公〕アドルフは、死にゆくエレノールを前にして、もう愛は消えていたが、その人には自分に対する愛情が残っていたことに気づく。しかし「エレノールの弱さのために、僕には滅多に話してくれなかった。けれども黙って僕に目をすえて、そしてその時にはあの人のまなざしは、僕がもう与えることのできない命を求めているように思えたのだった[17]」。同じくバンジャマン・コンスタンの小説『セシル』においては、語りの手の妻が夫以外の男性を愛する。「相当に深い静けさ」のうちに過ぎた夜会で、夫である語り手は「ふたりの愛人の視線」に気づく。「ごくささいなことで露わになるふたりの共謀や、ともにいることにふたりが感じる喜びのために、周りに聞かれることなしに一言たりとも交わすことができないにせよ、私は激しい妄想にとらわれた[18]」と打ち明けるのだ。ここでは沈黙は、交差する恋慕の視線と魂の欲望とを包む繭である。この無言のよしみを断ち切ることに成功したあと、夫は「無言で微動だにしない[19]」セシルの目から落ちる涙に心ゆさぶられるのだ。

セナンクールのオーベルマンは、「沈黙が恋の夢を庇護する」と考えるが、恋の沈黙が終わるとき、「私たちの命が消える」[20]虚無が始まる。アルフレッド・ド・ヴィニー（フランスの詩人、小説家、一七九七―一八六三）は一度ならず恋人たちを強く結びつける沈黙の力について述べる。誰の心にものこる詩句だが、詩人は愛人に、生い茂るヒースのなか、羊飼いの家を転がして運んでこようと提案する。

そしてそこで、花の間に見い出すのだ
影のうちに
私たちの結ばれた髪のために、静かな臥所を[21]

その反面、恋人エヴァは冷静だ。「私はひとり、心穏やかに、清らかに沈黙していきます[22]」。ヴィクトル・ユゴーは、愛の喜びから成り立つ沈黙に何度もたちかえった。『静観詩集』のなかで、ユゴーは恋人たちの無言の散歩を思いおこす。

長い間言葉もなく、私たちは眺めた
日が消えいった空を。

私たちの魂に何が起きていたのか。
愛だ！　愛だ！

「木々の下」と題された詩は沈黙が横溢するこうした瞬間をより具体的に語る。

ふたりは歩く（…）たちどまる、
話す、やめる、そして、
沈黙の間に間に
口はつぐみ、魂はささやく。(23)

二十世紀には、愛と沈黙とを結ぶものがライトモティーフとなる。『失われた時をもとめて』の語り手は、アルベルチーヌが眠る姿を黙って見つめ、音もなく味わう。「そしてアルベルチーヌの眠りが満ちたと感じると、（…）私はわざと音もなくベッドに飛び乗り、アルベルチーヌによりそって身を横たえ、ウエストを抱き、その頬と心臓に唇をよせる。そして身体のありとあらゆる部位に私の空いている方の手をあて、手はアルベルチーヌの呼吸によって、真珠の飾りと同じように持ち上げられる。（…）呼吸音が激しくなり、快楽のあえぎのように思え、私の快楽が終わりにいたると、私はアルベルチーヌに口づけし、眠りを妨げることがなかった」[24]。こうした心の動きに、恋文がしたためられる寝室の沈黙をつなげることができるかもしれない。

ここに至って、黙って愛を夢見ることが主題になる。サン＝テグジュペリは「恋人の思いと声と沈黙からなる」[25]王国を心に描いた若い娘を、感動をこめて思い出す。アルベール・カミュの『異邦人』では、無言のうちに、海岸で、マリと語り手との間にむつまじさが生まれる。「僕はマリにキスした。その時から、僕たちはもう話さなかった」[26]。時代はくだって、パスカル・キニャールはこう記す。「沈黙によってのみ、他者を見つめることができるのだ」[27]。

肉体の快楽における沈黙

一方で、愛の沈黙にはもうひとつあって、すでにヴィニーにみたように、肉体の交わりの快楽において展開する沈黙、もっと範囲をひろげれば、性愛の快楽において展開する沈黙であり、この主題のこうしたもう一方の側面に取り組む必要がある。快楽や、快楽への期待、絶頂、そしてその帰結によって、しばしばさまざまな種類の深い静けさがもたらされる。十八世紀官能文学の花形たちによれば、自慰行為のとき、とりわけ女性のそれがそうで、だから男性はあれほど興奮させられるのである。

定義からいって、自慰の手技を通じた快楽の探求は、特別な肌合いと風合いとをもった静けさのなかで繰り広げられるものだ。ルーボー博士〔(フェリックス) フランスの医師、一八二〇―七八〕は、遅漏体質の青年の症例を引用するが、この若者は「性交という試練に臨むと」射精できず、「自慰行為の静けさのなかでしか、うまくできないのだった」。デランド博士〔(レオポルド) フランスの医師、一七九六―一八五〇〕がひくのは、別の症例で、居間において、家族の真ん中で、このうえない静けさのなかで自慰をおこなう人たちの例である。「この人たちは、まったく動かないか、ほとんどまったく動かない」が、「そうした患者の身のこなしや、顔つき、沈黙には何かしら異様なものがあり」、臨床家の目をとらえずにおかない。「自慰行為をする者がどれほど熟練していようと、注意深く見守る人の目から、最後の興奮を隠すことはなかんずく不可能である(28)」。

アルフレッド・デルヴォー〔フランスのジャーナリスト、一八二五―六七〕による『現代性愛辞典』は、一八六四年にさかのぼるが、得々としてオルガスムスに達する女性の法悦状態を力説する。こうなると正確には意図的な沈黙とはいえないが、当時「小さな死」と形容されたものによって、その時にひきおこされる沈黙のことである。「小さな死」が起きるとき、女性の目はひきつり、「白目(29)」をむく。

バルベー・ドールヴィイは、『深紅のカーテン』で、快楽の静けさを本質的なものとして描く。ヒロインであるアルベルトは、きわめて寡黙な人物である。アルベルトの物腰はどれもその静けさの変わらぬ深さを伝えるものだ。性交においてアルベルトは絶頂に達する。夜な夜な、「アルベルトは私の胸のうえでも変わらず黙ったままで、声を出して私に語りかけることはほとんどない」と語り手は述べる。そして「長い抱擁で答えるほかは決して私に答えず、その悲しげな口はあらゆることに押し黙ったままだった……口づけをのぞいて！」。他の女性たちとは反対に、アルベルトは快楽の絶頂に達して「ひとことも言わなかった」[30]。このスフィンクスが口にするのは、「せいぜい一音節」である。これが六ヵ月間続いた。ある晩、アルベルトは「いつにもまして静かに愛に満ちている」ようにみえた。「(…) アルベルトの抱擁で、私はそうとわかったのだった。忽然、わからなくなった。アルベルトの腕は私の身を抱きすくめるのをやめた。それまでにもあったひどい失神だろうと私は思った (…)。アルベルトの逸楽の痙攣は経験して知っていた[31]」。しかし今度は、アルベルトは死んでいた、生気なく、冷たく、青い長椅子の上で愛人に結ばれたまま、屋敷の恐ろしい静けさのうちで。

のちにジョルジュ・ベルナノスは、先にふれた小説、『ウィーヌ氏』のなかで、官能的な沈黙を力強く描写した。貧しく粗野な夫婦が誕生する。大した資産のない地主、老ドヴァンドムの娘は、密猟者のウージェーヌと結婚した。ウージェーヌはのちに牧場で働く少年を殺したかどで告発される。夫の立場に望みはない。しかし妻には「ある種の沈黙、男らしく、凶暴な沈黙しかウージェーヌからきこえてこず、その沈黙のために、自分以外の世間をさげすむのだった。今や、昼も夜も、妻が休らい身をよせるこの沈黙の他には何もない。優しく忍耐強い獣、ただこの沈黙だけ。それ以外は、何もかも無味乾燥か臆病であった」[32]。それゆえに妻は、夫婦が生活する小屋のなかで、ウージェーヌと心中することを受け入れる。銃声の後には、「静けさと夜が一面に」[33]忍びよる。

憎悪の沈黙へ

愛の激しさのうっとりとするような証拠であるところの沈黙が、愛の破壊の前兆になることもある。「アルベルチーヌと私との間には、沈黙という障害物があることが多く、これはおそらくアルベルチーヌの秘めたる不満でできていて、アルベルチーヌがそれをいわないのは、その不満の種はもう取り返しもつかないし(…)忘れることもできないし、気づかれないと判断したからだったが、それでもやはりその不満の種のせいで、ふたりの間にあって、アルベルチーヌは意味ありげに言葉を慎んだし、乗り越えられない沈黙によって隔たりが生まれたのだった」[34]とプルーストは書く。ユイスマンスが『仮泊』において想像した夫婦に戻ろう。無口で吝嗇な親族の陰鬱な屋敷における長逗留が、少しずつ夫婦を隔てていった。田舎が静けさによって愛を損なったのだ。それ以来、ふたりはそれぞれ、孤独のうちに未来への憧れを育むのだが、無言の願望は、配偶者の死を夢見るものだった。夜には、話さずにすますために、おのおの眠ったふりをする。つまり夫婦はおたがいにもう何もいうことがないのだ。二人を滞在させた老人たちもまた、別れの日、無言のジャックとルイーズに気詰まりな思いをするのである。

沈黙は、もっと悲劇的な結果ももたらす。モーリヤックの小説『テレーズ・デスケイルー』においては、断絶の結果である夫婦の沈黙が、犯罪へと至るのだ。ベルナールの沈黙が、テレーズの悲劇的な行為の真の動機なのである。この夫婦の間では、沈黙ゆえにこそ、「ひとつに溶け合うような愛という魔法の土地」が最初から不可能になり、沈黙ゆえにこそ、ふたりはおたがいに虚無へと向かうのだ。少しずつ、テレーズは沈黙によって憔悴していき、沈黙に閉じ込められると感じる。その生活における沈黙ゆえに、テレーズは「存在の闇」[35]に支配され、ベルナールの沈黙は、テレーズの犯罪の主要な動機となる。

悲劇的なものに限定すると、前世紀にヴィニーは、〔その名を冠した詩において〕ドロリダが不実な情夫を待ち構えながら感じる予感を、読者と分かち合う。情夫を殺さんとする女について、「なんと沈黙が長いことか！」とヴィニーは書くのだ。[36]

クロード・シモン〔フランスの小説家、一九一三―二〇〇五〕は、『草』と題された小説で、ルイーズが「老人」と形容される者によって、浴室内部で強姦される、その音の風景を描写する。短い格闘ののち、二つの肉体は激しい音をたてて崩れ落ち、「夜の静けさに、ダダダっという音が反響し、極端に広がる（…）そしてその後には、静けさが、逆流するのではなく、いわばどさっと固まりで倒れ落ち、突如として何か絶対的で、(一トンの静けさのように) 重圧感があり、完全なものに思えたのだ。(泉が浸潤し、堆積した岩の影に知らぬ間に道をつけるように) 雨のしとしとという音が小さく複雑に広がって、新たに届くまでは」[37]。

夫婦間に沈黙がもたらす破壊的な効果を描いたフィクションは、フレデリック・ショヴォー〔フランスの歴史学者〕がその著作『憎しみの歴史』において詳しく研究した社会的現実を写し取っている。十九世紀の司法記録を読み暮らしたのち、ショヴォーは沈黙を夫婦の破綻における主要な要素のひとつと結論する。その破綻が法廷で説明されると、夫婦間の憎しみが暴露される。「憎しみあう夫婦」は「長く漬けられた恨み」に荒らされたのだった。それでも大概の夫婦は暴力行為には及ばないのだが、それでも長期にわたる「不機嫌」を選ぶ。フレデリック・ショヴォーが書くところによると、「重く、ほとんど終わりのない沈黙は、目にみえないおそるべき武器なのである」。配偶者に言葉をかけないということは「相手を自分の生活の外に締め出すことによって、憎悪を表明する方法」なのである。しかしながら、こうした憎しみは、フレデリック・ショヴォーのユーモアまじりの指摘によれば、逆説的に「夫婦を長続きさせる接着剤のようなもの」になり、「愛をもってしてもこれほどうまくはいかないのである」。憎しみのこもった沈黙は、社会的慣習のためにときおり破られることもあるのだから。つねに愛想はよくしておかなければならないのだ。観客の前では、それが誰であれ、夫婦の構成員はたがいにひとことふたこと交わして、体裁をつくろう。しかしひとたび「そばだてられた耳がないところになれば、またも黙り込み、深い沈黙へと沈んでいくのだ」。フレデリック・ショヴォーは沈黙が入り込んだきっかけにこだわる。時には、単純な仲違いや、ちょっとした意見の対立の結果、恋人や夫婦が突如として憎みあい、心の奥で二度と言葉を交わすものかと誓う。かくして「根深い憎しみ」の地へ入り込み、「おのおのがつまらない不満の種をひとつひとつ記録し、憎しみのこもったしつこい沈黙を獲得するのである[38]」。

エドワード・ホッパーの作品を評価する人なら、画家がどれほど執拗に男と女との間の距離を伝える沈黙を表現したか知っている。ふたりのうちの一人が、もう一人から離れて窓の外を見る、あるいはそれぞれが、心をひきつけてやまないらしい仕事にひきこもる姿にも覚えがある。同様に、ピエール・グラニエ゠ドゥフェール〔フランスの映画監督、一九二七―二〇〇七年〕の《猫》と題された映画の中心的なテーマが沈黙であったことを記憶にとどめる観客も多い。シモーヌ・シニョレ〔フランスの女優、一九二一―八五〕とジャン・ギャバン〔フランスの俳優、一九〇四―七六〕が演じる登場人物ふたりは、沈黙が、根深い憎しみ、あるいはそうとまではいわなくとも、計り知れない距離の行き着くところであるさまを、ありありと見せる。ふたりの振る舞いはフレデリック・ショヴォーの主張を証明していて、逆説的に、まさにその沈黙が、少しずつ、ふたりの登場人物の間のきずなな、あるいは少なくとも暗黙の了解になるのである。

第9章

後奏曲——沈黙の悲惨

神の沈黙

「沈黙には、有益で心地のよい成分だけでなく、暗く、冥界に属し、おそろしく、悪意のある要素もあり、それが地獄のような、悪霊のような沈黙の底から出てくるかもしれない[1]」とマックス・ピカートは書いた。

西洋の歴史を通じて、沈黙がひきおこす苦悩の最初の形は、神の沈黙がかきたてる苦悩であり、ジョルジュ・シモン〔ルーマニアの詩人、フランス文学研究者、一九五〇―〕が「神の沈黙という巨大な叙事詩[2]」と名付けるところのものがかきたてる苦悩である。本書ではすでに、二つの重要な沈黙に言及した。第四エズラ書で強調される天地創造の沈黙、それから黙示録の天使が第七の封印を解いたときに生む長く重々しい沈黙である。これによって被造物はキリストを待ち望む不安な状態に陥れられる。さらに言葉としての沈黙を考えた章において、すでに神の沈黙を考察した。聖書の神は、イエスの洗礼の場面を別にすると、はっきりと言葉を発することはないにしても、雲やそよ風や微風といった形をとって、さまざまな類のしるしが言葉となって、無言のうちにその存在を知らしめるということを指摘した。教条主義者たちは、超越者の沈黙である神の沈黙を、その本質に属す要素だと考えた。神の本質は、本質的に不可知の領域にある。最後に、十七世紀のカトリックを奉じたフランスのうちで、パスカルは隠れた神(*Deus absconditus*)の存在に基づき、みずからの神学を築いた。パスカルの見解によると、神がわざと姿を隠し、静黙するという事実は、義にかなっており、信者にとっては有益である。神の晦渋さそのものが人間に、自らが罪びとであるということを思い出させるのだ。超越的存在は、計り知れず、難解である義務がある。十字架のヨハネのみるところでは、神が黙っていることが、人間に信じる自由、あるいは信じない自由を与えている。『霊の賛歌』では問いが投げかけられる。「あなたは、どこに隠れているのか?」とは、愛の叫びだ。

一方で、この主題にはもうひとつ別の面がある。神の沈黙は、悲劇的なものとみなされ、感じられるのだ。神の物いわぬ不在のために、その存在そのものがまた問題になるのだ。そうならなくても、その不在は冷淡さと解釈されうる。それゆえに旧約聖書が書かれて以来、怒りをかきたててきた。この世に荒れ狂う災いに対する、自然現象がときにみせるおぞましさに対する、苦しみと死に対する神の沈黙は、神が存在しないことの証ではないのか。まさにもっとも熱烈なキリスト教徒の心のうちに、神の沈黙は神がいないという印象を与え、時として信仰の迷いを生じさせる。

神の沈黙という躓きは、怒りの叫びをひきおこす。それは旧約聖書の複数の書に明らかで、ピエール・クランジュが詳細に調べ上げている。ヨブはいと高きところを糾弾すると叫んだ。詩編第二二篇には、のちに磔にされたイエスがなぞることになる叫びが読める。「わたしの神よ、わたしの神よ／なぜわたしをお見捨てになるのか。／なぜわたしを遠く離れ、救おうとせず／呻きも言葉も聞いてくださらないのか。／わたしの神よ、昼は、呼び求めても答えてくださらない」。詩編第二八篇にも、同様の種類の叫びが読める。すでに箴言〔第一章二八節〕には「そのときになって／彼らがわたしを呼んでもわたしは答えず」と書かれている。哀歌には、姿を隠し、神の民の苦しみに無頓着な神の声の不在に起因する怒りが刻まれる。〔イザヤ書四五章一五節で〕イザヤは嘆く。「まことにあなたは御自分を隠される神」。

世紀を追うごとに、何よりも頻繁に躓きのもととして告発されたのは、神の沈黙を原因とするものであり、その沈黙をマタイが受難物語で強調する。ゲッセマネの園で、弟子たちの沈黙（眠り）が、神の沈黙をいっそう強め、イエスはその沈黙を十字架のうえで嘆いて終わる。イエスの魂に、死に至る苦悩と悲しみとをひきおこすのは、この沈黙なのである。受難の時の神の沈黙は、聖書全体と神の神秘とに対する問題提起の「焦点」であるとピエール・クランジュが書くのももっともだ(3)。

この問いは歴史を通じて、もっとも偉大な心のうちで、しつこく止むことなく問いつづけられ、それはアヴィラのテレサの書物や、時代はずっとくだって幼きイエスのテレーズの書物、そしてマザー・テレサの打ち明け話が伝える通りだ。

ヴィニーとユゴーの場合

十九世紀においては、神の沈黙にこたえて、誰よりも激しい叫び声をあげたのは、おそらくヴィニーだろう。さしあたって神の無言をもって、神が存在しないという証拠にすることはなかったが。

聖書の聖なる庭で
我らに伝えられていることを、人の子が言ったというのが真実なら、
人間の叫びに、口をつぐみ、目も見えず、耳も聞こえず
天が、出来そこないの世界として我らをお見捨てになったのなら
義の人は軽蔑を表わしこの不在に対抗する
そして冷たい沈黙のみもて答えよう

神の永遠の沈黙に(4)

「ゲッセマネの園」のこの節は、「沈黙」という題名をもつが、父なる神が見捨てたことをイエスが嘆くのは、十字架のうえであって、完全に正確というわけではない。いずれにせよ神の沈黙に対するヴィニーの応答がひどく激しいものであることに変わりはない。それは強烈な怒りではなく、まったき軽蔑なのだ。一八五九年に、ヴィニーはまたも「決して語らぬものについては、ブッダのごとく静黙せよ」と書き、そして一八六二年には「神について、決して何事も語るな、何事も書くな。(…)その沈黙には沈黙をお返しせよ」、さらに詩に使われることはなかったが、ヴィニーの手跡で「かくて無言の天は我らに何も語ろうとはしなかった」あるいは「聖職者たちよ、用心せよ、さもなくばただ沈黙のみが神の永遠の沈黙に答えよう(5)」としたためられていた。

隠れた神(*Deus absconditus*)は決して沈黙を破ることがなく、そのために人間は軽蔑をやむなくされるという確信は、神の死を意味するのではない。とはいうものの、詩人の仕事場で、「ゲッセマネの園」を詠む前に、ヴィニーは疑いを抱いたキリストが「私は人の子であって、神の子ではない」と表明し、そして啓示をまるごと呪うのを想像した。とはいえ、ヴィニーはニーチェではない。

この点に関するヴィクトル・ユゴーの意見は、これほどはっきりはしていない。ユゴーが神の存在を信じ、望みをかけるのをやめたことは一度たりともないのだが、断固としてその沈黙を告発する。

夜空の奥で恐ろしい存在が口を閉ざす
（…）
無口な蒼穹では何ものも答えない。(6)

そして「東方の三博士」と題された詩では、

奴隷となった我ら人間を前に
天は口をつぐみ、何も発せられない（…）
未知のお方は沈黙を守る。(7)

もうひとつの謎めいた沈黙が新約聖書を読む者を驚かせる。複数の場面におけるイエスの沈黙だ。不義密通をおかした女の話では、投石刑の準備がおこなわれているのを見て、イエスは黙り、視線をそらす。この沈黙は攻撃する者たちの騒ぎと対照的だ。しかしそれは効果てきめんであった。イエスは、法律が規定する罪滅ぼしではなく、ひとりひとりが自らの良心に照らすようにというメッセージを与えるのだ。すでにみたように、沈黙は内面を指し示す言葉なのである。実は、これと同じ観点からいえば、福音書全体が沈黙という文脈において展開する。

十九世紀および二十世紀文学における神の沈黙への疑い

それでもやはり、繰り返しになるが、キリスト教徒にとって神の沈黙は、多くの場合、苦しみであり、疑いにつながる道であり、信仰を疑う道だ。ヴィニーの軽蔑が唯一の反応であるはずもなく、とりわけ十九世紀には、多くの人にとって、神の沈黙は神が存在しないことの証拠だった。ネルヴァルもまた、『幻想詩篇』に収められた「ゲツセマネのキリスト」という詩において、「沈黙」という語こそ用いてはいないものの、答えを得られないキリストの祈りにふれる。

そして(イエスは)叫び始めた。「否！　神は
存在しない！(…)
兄弟たち、あなた方を騙してきた。深淵！　深淵！

深淵！（…）

神はいない！　神はもはやいない！

すべてが死んだ！」


イエスは最後にこう叫ぶ。

神の眼を探して、私が見たのは
眼窩のみ
広く、黒く、底知れぬ。そこから神に宿る闇が
この世に広がり、いつまでも暗くなっていった。(8)

ここでのイエスは永遠のいけにえとして、崇高な狂人として現われる。

ユイスマンスは『大伽藍』において、素晴らしいキリスト教徒である、つましいバヴォアル夫人の、神の沈黙を前にした苦しみを語る。デュルタルと歩きながら、バヴォアル夫人は自分の苦悩を打ち明け、神が祈りに答えてくれなくなったと、いまや沈黙してしまったというのだ。

「対話もありませんし、見神もありません。私は耳も聞こえず、目も見えません。神は沈黙な

さいました」[9]。そしてデュルタルは自分も同じ類いの苦しみに責めさいなまれるのを感じるが、デュルタルにとってそれは一時的なものではなかった。「永遠の沈黙に問いかけても、何も答えはしない。待てども何も来はしない。かのお方は、閉じ込められず、理解を超えており、考えることもできない方であると、私たちの理性の歩みはすべてが無駄であると実証したところで埒があかない。狼狽しないという境地、なかんずく苦しまないという境地には到底達することはできない[10]！」

二十世紀には、無信仰が広がり、神の沈黙、そしてそれが原因となる無理解、疑い、苦しみ、怒りは、文学のなかでは薄まる。たとえば、ステファヌ・ミショー〔フランスの文学研究者、一九四四—〕はパウル・ツェラン、イヴ・ボンヌフォア、ミシェル・ドゥギーという現代の三人の作家に、その痕跡をもとめた。ミショーは現代詩には神の沈黙はないと結論し、したがって、ここまでみてきたような苦痛に満ちた反応も知らないか、あるいは語らない。大多数の人々は、隠れた神の沈黙が言葉であるかどうかと問うことすらやめてしまった。さらに全体についていえば、詩が表明するのは、文学と宗教との間で代々つづいてきた紐帯からの離脱と解消である。たとえば、ツェランの作品では、ステファヌ・ミショーが書くところによると、「沈黙は耳を聾し、不在が根源にある」。民の苦しみを前にしても口をつぐむような神の存在を証明するものは何もないのだから[11]。

ただしもっと含みをもたせる必要がある。フィリップ・ジャコテは宗教の消滅は何を意味するのかと自らに問う。「この種の沈黙、ほとんど無を前にして、いかに自分たちを支えるべきか」とジャコテは記す。詩人の務めは、ジャコテによれば、「不可能性のなかでも粘り強い可能性を、至高の力でもって伝える言語を見つける」ことである。詩人は「努めて不在の歌を作り上げなければならず、「虚空に対抗して話す」[12]人間であらねばならない。

沈黙の悲劇

沈黙の息苦しい側面のうち、ある種のいらだちや動揺や宗教的不安というのではなく、沈黙があることそのものを悲劇的で狂おしいものにするものをみてみよう。ヴィニーいわく、不幸はしばしば「沈黙において語る」[13]。ユイスマンスは存在の最深部に巣くう沈黙によって吹き込まれる感情、「自己の内部を見つめよう」と決意し「おそるべき静けさのなか、黒い穴をのぞきこむとき」[14]生まれる感情の強さを強調する。沈黙それ自体がもたらす激しい恐怖についてはよく考えてみる必要があるはずだ。今日それが静けさの外へ、内面の外へと向かう逃走の原因なのだ。

メーテルリンクが持ち前の激しさで力説したのは、沈黙に対する恐怖が複数結びついたものである。その「不吉な力」のせいで、「沈黙とその危険な働きとに対してかくも激しい恐怖」

を感じるのだ。止むを得ないとなれば、私たちは孤独な沈黙、自分自身の沈黙には耐えられる。「しかし複数の人の沈黙、多数の沈黙、なかんずく群衆の沈黙は、異常な重荷であり、その説明しがたい重さは、もっとも強靭な魂の持ち主ですらひどく恐れるのである」。それゆえ「私たちは人生の大半をかけて、静けさが支配しない場を探し求めるのだ。二、三人がよりあえば、この見えない敵を遠ざけることしか考えない」。そしてメーテルリンクはこう自問する。「並の友情のうちで、沈黙への憎悪を土台としないものがいくつあるだろう(15)」。

有名な著作で、沈黙に対する恐怖の多種多様な形を伝えるものは数多い。支離滅裂に思われるかもしれないが、一部だけでもあげてみよう。蛇がこれほどに不安をかきたて、悪霊の権化であるのは、蛇が徹底的に静かな生き物だからだ。ミルトンはそうほのめかす。パスカルは、誰もが暗記している言い回しで、無限宇宙の静けさがひきおこす激しい恐怖を描写した。セナンクールは静寂と退屈とを緊密に結びつけ、ごく現代的な確信を先取りした。オーベルマンが土地土地を離れるのは、「その場所の静寂が生む倦怠のせいだった。その話声は僕には小さすぎたのだ」。「街の活気を離れた、僕らを取り巻く静けさは、まずもって時間に粘り強さと停滞とを与えるようで、それが人生を生き急ぐことに慣れた人を悲しませるのである(16)」。田舎では、よそよりも一日が長く感ぜられる。その厳しさで静寂が不安をよぶ。ボードレールは、都市という機械がとまる、日曜の街にたれこめるような、執拗な静寂が招きうる不安について語った。

バイロン、そして三〇年を隔ててヴィニーは、別の観点から、禁欲的な者たちが具える静けさの悲劇的な偉大さをたたえる。ヴィニーが描く狼は黙って死ぬ仕方を心得ており、そしてそのメッセージを伝える。「そして、私のように、語らず苦しみ死ぬがよい」、というのも「ただ沈黙のみが偉大である。他のすべては弱さなのだ」[17]。

二十世紀では、サン＝テグジュペリが、遭難した飛行機の悲劇的な沈黙を読者に感じさせる。この惨事と沈黙とを結びつける心の動揺をひとつひとつ数えあげる。とくに行方不明になったとおぼしき飛行機を待つ人たちの、苦悶の沈黙だ。「致命的な病のごとく刻々と悪化するこの沈黙」[18]。同様の悲劇という観点からは、〔騎士叙任に先立つ前夜〕騎士の徹宵における静けさ、すなわち襲撃を前にした塹壕の静寂を分析するべきである。

それこそジュリアン・グラックが包括的に「破滅的静寂」と形容したものだ。もちろん、まったく別の観点からいえば、いくつかの場合に、夜の静寂が、動かぬ空虚な夜を前にして、朝の光がさしこんでくるのを待つときに、とりわけ子どもの心にひきおこす恐怖もある[19]。

死の静寂

かくして、避けがたい事柄へとたどりつく。死の接近にともなう静けさだ。病人の寝室の静寂、遺体安置室の静寂、墓の静寂。ジョルジュ・ローデンバックは静寂と病気の類似性に思いを巡らせた「窓による病人たち」という題の詩のなかで、病人たちを、犠牲者であると同時に、静けさを司る神父であり、静けさの本質を他の人よりもよく見通すことができる者とした。[20]ある種の「静けさの魔力」によって、病人を介し、多様な音が内側から変わるのだ。静寂が音には必要であり、音を消滅へと導くが、同時に音にこそ静寂はその何よりもぬきんでた尊さを知らせるのである。[21]

マックス・ピカートは「あちらこちらから追い払われ、静寂は病人のもとに身をよせたようだ。カタコンベのうちのごとく、病人のところで生きている。(…)病気がやってきて、静寂が後につづき(…)静寂が今日、陰鬱であるのは、病人のそばにしか見当たらないからだ[22]」と書く。

臨終の静けさの例は、ふたつだけあげておこう。ベルナノスが描くウィーヌ氏の死に際の静けさは、ひどく混乱している。ウィーヌ氏の最後の瞬間は、前に述べた通り、ヘビのように絡み合い、声を聞かれないようにする方法、虚無の教授法である。その臨終における静けさはまた、死を真似るやり方であり、死をこえては何もないとウィーヌ氏はいう。

ヘルマン・ブロッホ〔オーストリアの小説家、一八八六―一九五一〕は『ウェルギリウスの死』と題された小説のなかで、数多のページを割いて、死にゆく詩人の心に、静けさが進行していくさまを、「静けさの内側の静けさ[23]」の展開を描いた。第四部で臨終の静寂が明らかになると、作者はこう記す。「耳に聞こえる音は、ふたたびいまだ耳にされたことのないもののうちに失われた。(…)音の欠如がもたらす静寂の向こうに、新たな静寂が生まれた。第二の静寂、上の次元へと高められた静寂、平坦な波でできた静寂、やわらかで、テーブルのようにすべすべして、いうなれば水面の鏡の反映があってそのうえに静寂が広がっていくのだ[24]」。したがってウェルギリウスは「変わることのない静けさ、それでいていまにも新たな静けさに吸い込まれてしまいそうな静けさ、そしてその新たな静寂も、より大きな静寂のために準備された静寂[25]」のうちで守られているように感じる。そして詩人は自らに問いかける。「この静けさはいかなる内在性からも、外在性からも締め出された無のうちにあるのだろうか[26]」。それから御言葉が鳴り、響きわたり、宇宙を解体し消し去り、無のうえに、言い表わせるもの、言い表わせぬものをこえて漂い、そしてこの作品の最後の行に至る。「ウェルギリウスにとって、人知を超え、筆舌に尽くしがたいものとは、いかなる言語をも超えた、御言葉だった[27]」。これは、語るとは時間に組み込まれたものであるのだから、天上の永遠には言葉はありえないというペギーの直感と重なる。

「死の静寂」と名付けられたもの、マラルメが「かすかな静けさと夜の塊[28]」と書いたところのものは、生者にしか意味をなさない。それに対して、死後はさまざまな種類の静寂からできていて、静寂は死を包む経帷子であり、追憶によって育まれる。メーテルリンクの言葉だが、まず「誰かが永遠に沈黙した部屋[29]」の静寂がたれこめる。たとえば、アルベール・カミュが「異邦人」と命名した男の母が横たわる遺体安置室をあげよう。そこには養老院の住人が忍び込み、「腰は曲がり、生気なく、黙った[30]」ままでいるのだった。

その後に死者が慣れ親しんだ物の静けさに気づく。十七世紀はじめ、若さの横溢する年頃に亡くなり、マレルブ〔(フランソワ・ド) フランスの詩人、一五五五―一六二八〕の心を深く動かしたジュヌヴィエーブ・ルーセルのリュートの静けさがそうだ。鉤につるされ、いまや悲しげなその楽器は、ゆっくりと「汚れに覆われ」、蜘蛛はそのうえに「ほこりだらけの巣[31]」をはっていく。

墓はおそらく何にもまして、死者たちの沈黙がひきおこし、その声を思い出すことによって激しくなる、心の動きを感じさせる。このテーマは文学や造形芸術において、かくも繰り返されるがために、ここではヴィクトル・ユゴーの例をあげるにとどめたい。それほどにユゴーにおいて、〔娘の〕レオポルディーヌの死に結びついた静寂の感覚は強く、その静けさは「死という広大で深い静寂[32]」と形容される。森羅万象においてはあらゆるものが口をきくので、「影の口」が語る希望がのこる。

君思うや草と闇に覆われた墓は
ただ静寂であるのみと[33]

そして娘レオポルディーヌの思い出については、「ああ、何度私は口にしたことか。静かに！　あの娘の声がした(34)」。

『光と影』では、主題を反転させ、兄ウージェーヌ・ユゴーの死にあたって、ユゴーは死が意味することについて、墓の静寂を破りうる音について問いかける。

君にはもはや何も聞こえまい、草と
茂みよりほかに
墓堀人の足音に大地は震え
熟した果実は落ちる！　そしてときおり歌声が
空に散っていく
牛飼いが歌い、草原に降りていく、そして
すぎていく
この古い壁の後ろ側を(35)！

本書をしめくくるのは、もっとも強く、もっとも悲劇的な静寂だ。地球が滅び、その解体が静寂のうちに完了するとき、ヴィニーいわく「すべてが沈黙する日」に、支配するはずの静けさだ。この点についてはルコント・ド・リール〔フランスの詩人、一八一八—九四〕の『夷狄詩集』の一編、「世を破壊せん *Solvet seclum*」を読んでみよう。

懊悩、大罪、悔恨、絶望の嗚咽、
人の魂よ肉体よ、いつの日かそなたは
口をつぐむ！
皆口をつぐむ、神々も王も徒刑囚も卑しき群衆も、
監獄から街から低く響くうめき声も、
森や山や海の獣も、
この地獄を飛ぶもの、跳ねるもの、這うもの、
ふるえ逃げ去るすべてのもの、殺し食うすべてのもの、
泥のなかで押しつぶされたミミズから
暗い夜々をさまよう雷にいたるまで！
一挙に自然はその音を断ち切る。

これは「(…)愚かで、分別もなく、わめき声であふれた地球が、何らかの動かぬ天体に対抗し、古くてみすぼらしい殻を全力で突き破るとき」に起こる。そのとき、地球は「汚れた残骸を肥やしに、天空の畝を豊穣にし、そこに世々が発酵する」[36]。

ルコント・ド・リールはビッグ・バンとその音、拡大し縮む宇宙については何も知らずにいて、おそらく誰もできなかったほど見事に、私たちの惑星の避けがたい消滅と、その残骸の悲劇的な静寂を、描いたのだった。

謝辞

本書の最終版の編集に細やかに気を配ってくれたファブリス・ダルメダと、手稿を入力してくれたシルヴィ・ダンテックに感謝する。

(16) Senancour, *Oberman*, *op. cit.*, p. 274 et 404.

(17) Alfred de Vigny, « La mort du loup », *Les Destinées*, *op. cit.*, p. 145.

(18) Antoine de Saint-Exupéry, *Terre des hommes*, *op. cit.*, p. 33.

(19) 以下を参照。 Philippe Jaccottet, *La Promenade sous les arbres*, *op. cit.*, p. 121. ジュリアン・グリーンは、その小説のいくつかで、静けさがひきおこす夜の恐怖というテーマに立ち戻った。

(20) Georges Rodenbach, *Œuvre poétique*, *op. cit.*

(21) Patrick Laude, *Rodenbach*, *op. cit.*

(22) Max Picard, *Le Monde du silence*, *op. cit.*, p. 170-171.

(23) Hermann Broch, *La Mort de Virgile*, Paris, Gallimard, coll. « L'imaginaire », 1955, p. 404〔ヘルマン・ブロッホ『ウェルギリウスの死』川村二郎訳、集英社、1966年〕.

(24) *Ibid.*, p. 401.

(25) *Ibid.*, p. 412.

(26) *Ibid.*, p. 436.

(27) *Ibid.*, p. 438-439.

(28) Stéphane Mallarmé, « Toast funèbre à Théophile Gautier », *Poésies*, *op. cit.*, p. 82.

(29) Maurice Maeterlinck, « Les Avertis », dans *Le Trésor des humbles*, *op. cit.*, p. 40.

(30) Albert Camus, *L'Étranger*, *op. cit.*, p. 19.

(31) François de Malherbe, « Larmes du sieur Malherbe », dans *Œuvres*, Paris, Gallimard, coll. « Bibliothèque de la Pléiade », 1971, p. 5.

(32) Victor Hugo, « On vit, on parle... », dans *Les Contemplations*, *op. cit.*, p. 290.

(33) Victor Hugo, « Ce que dit la bouche d'ombre », *ibid.*, p. 508.

(34) Victor Hugo, « Oh ! je fus comme fou... », *ibid.*, p. 280.

(35) Victor Hugo, *Les Rayons et les Ombres*, *op. cit.*, p. 409（ウージェーヌ・ユゴーの死亡通知の裏にしたためられた詩）.

(36) Leconte de Lisle, « Solvet seclum », dans *Poèmes barbares*, *op. cit.*, p. 294.

(35) Michael O'Dwyer, « Le leitmotiv du silence dans Thérèse Desqueyroux », *op. cit.*, p. 20 et 19.

(36) Alfred de Vigny, « Dolorida », *Poèmes antiques et modernes*, dans *Œuvres complètes*, *op. cit.*, p. 61.

(37) Claude Simon, *L'Herbe*, Paris, Éditions de Minuit, 1986, p. 169-170〔クロード・シモン『草』白井浩司訳、『現代フランス文学13人集　4』所収、新潮社、1966年〕.

(38) Frédéric Chauvaud, *Histoire de la haine. Une passion funeste, 1830-1930*, Rennes, Presses universitaires de Rennes, 2014, p. 174 et 177.

第9章　後奏曲——沈黙の悲惨

(1) Max Picard, *Le Monde du silence, op. cit.*, p. 31.

(2) Georges Simon, « La transcendance du silence chez Sylvie Germain », *op. cit.*, p. 107.

(3) Pierre Coulange, *Quand Dieu ne répond pas*, *op. cit.*, p. 24.

(4) Alfred de Vigny, « Le mont des Oliviers », *Les Destinées*, *op. cit.*, p. 153.

(5) 以下を見よ。Jean-Pierre Lassalle, « Vigny et le silence de Dieu », dans *Alfred de Vigny*, Paris, Fayard, 2010, p. 388.

(6) Victor Hugo, « Horror », dans *Les Contemplations*, *op. cit.*, p. 460-461.

(7) *Ibid.*, p. 490.

(8) Gérard de Nerval, *Les Filles du feu*, *Les Chimères et autres textes*, Paris, Le Livre de poche, 1999, p. 369 et 370.

(9) Joris-Karl Huysmans, *La Cathédrale*, *op. cit.*, p. 320.

(10) *Ibid.*, p. 367.

(11) Stéphane Michaud, « L'absence ou le silence de Dieu dans la poésie contemporaine : Celan, Bonnefoy, Deguy », *Études*, 2011, p. 509.

(12) Philippe Jaccottet, « Dieu perdu dans l'herbe », *Éléments d'un songe*, dans *Œuvres*, Paris, Gallimard, coll. « Bibliothèque de la Pléiade », 2014, p. 325-327.

(13) Alfred de Vigny, « Le Malheur », *Poèmes antiques et modernes*, *op. cit.*, p. 64.

(14) Joris-Karl Huysmans, *La Cathédrale*, *op. cit.*, p. 88.

(15) Maurice Maeterlinck, « Le Silence », *op. cit.*, p. 17.

(11) Baldassare Castiglione, *Le Livre du courtisan*, *op. cit.*, p. 296.

(12) *Ibid.*, p. 307.

(13) *Ibid.*, p. 308.

(14) *Ibid.*, p. 310.

(15) 以下に引用。 Michelle Perrot, *Histoire des chambres*, *op. cit.*, p. 103.

(16) Pascal, *Discours sur les passions de l'amour*, 以下に引用。 Émile Moulin, *Le Silence*, *op. cit.*, p. 36-37〔パスカル『愛の情念に関する説他一篇』津田穣訳、角川文庫、1950年〕.

(17) Benjamin Constant, *Adolphe*, dans *Œuvres*, *op. cit.*, p. 76.

(18) Benjamin Constant, *Cécile*, *ibid.*, p. 138.

(19) *Ibid.*, p. 162.

(20) Senancour, *Oberman*, *op. cit.*, p. 294 et 296.

(21) Alfred de Vigny, « La Maison du berger », *Les Destinées*, dans *Œuvres complètes*, Paris, Gallimard, coll. « Bibliothèque de la Pléiade », t. I, 1986, p. 121.

(22) *Ibid.*, p. 127.

(23) Victo Hugo, *Les Contemplations*, *op. cit.*, p. 129 et 139.

(24) Marcel Proust, *La Prisonnière*, Paris, Gallimard, coll. « Folio classique », 1989, p. 64.

(25) Antoine de Saint-Exupéry, *Terre des hommes*, *op. cit.*, p. 57.

(26) Albert Camus, *L'Étranger*, Paris, Gallimard, 1942, p. 56.

(27) Pascal Quignard, *Vie secrète*, Paris, Gallimard, 1998, p. 86.

(28) 以下に引用。Alain Corbin, *L'Harmonie des plaisirs. Les manières de jouir du siècle des Lumières à l'avènement de la sexologie*, Paris, Perrin, 2008, p. 135 et 160〔アラン・コルバン『快楽の歴史』尾河直哉訳、藤原書店、2011年〕.

(29) Alfred Delvau, *Dictionnaire érotique moderne*, Bâle, 1864, p. 231.

(30) Jules Barbey d'Aurevilly, « Le rideau cramoisi », *op. cit.*, p. 941.

(31) *Ibid.*, p. 944.

(32) Georges Bernanos, *Monsieur Ouine*, *op. cit.*, p. 139.

(33) *Ibid.*, p. 212.

(34) Marcel Proust, *La Prisonnière*, *op. cit.*, p. 95.

(18) Benjamin Constant, *Adolphe*, dans *Œuvres*, Paris, Gallimard, coll. « Bibliothèque de la Pléiade », 1957, p. 17〔コンスタン『アドルフ』大塚幸男訳、岩波文庫、1935年／中村佳子訳、光文社古典新訳文庫、2014年〕.

(19) Eugène Delacroix, *Journal*, *op. cit.*, p. 476-477.

(20) Bernard Masson, « Flaubert, écrivain de l'impalpable », dans *Du visible à l'invisible*, *op. cit.*, p. 57, 本論文が以下を引用。 Gérard Genette, « Silences de Flaubert », dans *Figures I*, Paris, Éditions du Seuil, 1966〔ジェラール・ジュネット『フィギュールⅠ』花輪光監訳、書肆風の薔薇、1987年〕.

(21) Paul Valéry, *Choses tues*, dans *Œuvres*, *op. cit.*, p. 488 et 492.

(22) Julien Gracq, *Le Rivage des Syrtes*, *op. cit.*, p. 309.

(23) Émile Zola, *La Terre*, dans *Les Rougon-Macquart*, *op. cit.*, p. 732.

(24) Yvonne Crebouw, « Dans les campagnes : silence quotidien et silence coutumier », *1848, révolutions et mutations au XIXe siècle* : « Le silence au XIXe siècle », *op. cit.*, p. 51-61. この主題に関するきわめて重要な論文である。

(25) Henry David Thoreau, *Les Forêts du Maine*, *op. cit.*, p. 123.

(26) Sylvain Venayre, « Les grandes chasses », dans *Histoire de l'émotion*, Paris, Seuil, t. 2 , 2016.

第8章　愛の沈黙から憎悪の沈黙へ

(1) Maurice Maeterlinck, « Le silence », dans *Le Trésor des humbles*, *op. cit.*, p. 16-17.

(2) *Ibid.*, p. 20-21.

(3) *Ibid.*, p. 21.

(4) *Ibid.*, p. 22.

(5) *Ibid.*

(6) Maurice Maeterlinck, « Emerson », *ibid.*, p. 80.

(7) Jean Paul, 以下に引用。 Maurice Maeterlinck, « La vie profonde », *ibid.*, p. 146.

(8) Georges Rodenbach, *Œuvre poétique*, *op. cit.*, p. 139.

(9) *Ibid.*, p. 277.

(10) Max Picard, *Le Monde du silence*, *op. cit.*, p. 69, 71 et 98.

第7章　沈黙という戦略

(1) Jean-Étienne Pierrot, *Dictionnaire de théologie morale*, t. 32, 1862, article « Silence », et Émile Moulin, *Le Silence*, *op. cit.*, p. 59-60.

(2) Baldassare Castiglione, *Le Livre du courtisan*, Paris, Garnier-Flammarion, 1991, p. 132 et 162〔カスティリオーネ『宮廷人』清水純一ほか訳、東海大学出版会、1987年〕.

(3) Baltasar Gracián, *L'Homme de cour*, précédé d'un essai de Marc Fumaroli, Paris, Gallimard, coll. « Folio classique », 2010, maxime XLII, p. 326, maxime CXVII, p. 394, maxime CXLI, p. 417〔バルタサール・グラシアン『処世の知恵——賢く生きるための300の箴言』東谷穎人訳、白水社、2011年〕.

(4) これについては以下の基本となるテクストを見よ。Marc Fumaroli, « La conversation », dans Pierre Nora (dir.), *Les Lieux de mémoire*, Paris, Gallimard, t. III, Les France, vol. 2, Traditions, 1992, p. 679-743.

(5) Baltasar Gracián, *L'Homme de cour, op. cit.*, maxime XI, p. 301, maxime CLIX, p. 432, maxime CLXXIX, p. 447, et la présentation de Marc Fumaroli.

(6) *Ibid.*, p. 556-557.

(7) Marc Fumaroli, « Essai sur l'homme de cour », *ibid.*, p. 225.

(8) François de La Rochefoucauld, *Œuvres complètes*, Paris, Gallimard, coll. « Bibliothèque de la Pléiade », 1964, p. 413.

(9) Mme de Sablé, *Maximes*, dans *Moralistes du XVIIe siècle. De Pibrac à Dufresny*, préface de Jean Lafond, Paris, Robert Laffont, coll. « Bouquins », 1992, p. 250.

(10) M. de Moncade, *Maximes et réflexions*, *ibid.*, p. 940.

(11) Jean de La Bruyère, *Les Caractères*, *ibid.*, p. 780.

(12) Charles Dufresny, *Amusements sérieux et comiques*, *ibid.*, p. 1001.

(13) Abbé Dinouart, *L'Art de se taire*, préface d'Antoine de Baecque, Paris, Payot, 2011, p. 36. 以下の記述は同書の序文に負うところが大きい。

(14) Émile Moulin, *Le Silence*, *op. cit.*, p. 19.

(15) Abbé Dinouart, *L'Art de se taire*, *op. cit.*, p. 35, 68-69 et 72.

(16) Émile Moulin, *Le Silence*, *op. cit.*, p. 21-27.

(17) Senancour, *Oberman*, *op. cit.*, p. 223.

p. 891.

(24) Marc Fumaroli, *L'École du silence*, *op. cit.*, p. 191.

(25) クローデルの表現。以下に引用。 *ibid.*, p. 194.

(26) *Ibid.*, p. 195-196.

(27) *Ibid.*, p. 237.

(28) Joris-Karl Huysmans, *La Cathédrale*, *op. cit.*, p. 166-167.

(29) Yves Bonnefoy, *L'Inachevable. Entretiens sur la poésie*, Paris, Albin Michel, 2010, p. 267-268 et 270.

(30) Marc Fumaroli, *L'École du silence*, *op. cit.*, p. 359.

(31) *Ibid.*, p. 518.

(32) Anouchka Vasak, *Météorologies. Discours sur le ciel et le climat, des Lumières au romantisme*, Paris, Champion, 2007, p. 464-465.

(33) *Le Symbolisme en Europ*e, exposition au Grand Palais, 1976, p. 141. このカタログは本章の主題に極めて重要なものだ。ここにあげた作品はこのカタログで見ることができる。

(34) Giulia Latini Mastrangelo, « Le silence, voix de l'âme », *op. cit.*, p. 117.

(35) Federico García Lorca, « Le silence », *ibid.*, p. 116.

(36) Maurice Blanchot, *L'Espace littéraire*, 以下に引用。 Georges Simon, « La transcendance du silence chez Sylvie Germain », *ibid.*, p. 103-104.

(37) François Mauriac, 以下に引用。Claude Hecham, « Le silence et la littérature dans les œuvres autobiographiques de François Mauriac », *ibid.*, p. 329.

(38) 以下を参照。 Michael O'Dwyer, « Le leitmotiv du silence dans *Thérèse Desqueyroux* », *ibid.*, p. 23.

(39) Gaston Bachelard, *La Poétique de l'espace*, *op. cit.*, p. 164.

(40) 以下に引用。 Patrick Laude, *Rodenbach*, *op. cit.*, p. 15-16.

(41) Nina Nazarova, *Le Silence en littérature*, *op. cit.*, introduction.

(42) Paul Vecchiali, *Vertigo* : « Le silence », *op. cit.*, p. 94.

(43) Thomas Salvador, *ibid.*, p. 83.

(44) Alain Mons, « Le bruit-silence ou la plongée paysagère », dans Jean Mottet (dir.), *Les Paysages du cinéma*, Seyssel, Champ Vallon, 1999, p. 244 et 246.

(2) Maurice Maeterlinck, *Le Trésor des humbles*, *op. cit.*, p. 16-17.

(3) Gabriel Marcel, dans Max Picard, *Le Monde du silence*, *op. cit.*, préface, p. XII-XIII.

(4) Max Picard, *ibid.*, p. 8-10 et 20.

(5) Pierre Emmanuel, *La Révolution parallèle*, Paris, Seuil, 1975.

(6) Jean-Marie G. Le Clézio, *L'Extase matérielle*, Paris, Éditions du Rocher, 1999〔ル・クレジオ『物質的恍惚』豊崎光一訳、岩波文庫、2010年〕.

(7) Pascal Quignard, *Le Vœu du silence*, Paris, Galilée, 2005, introduction.

(8) Sandra Laugier, « Du silence à la langue paternelle : Thoreau et la philosophie du langage », dans *Henry D. Thoreau, Les Cahiers de l'Herne*, 1994, p. 153 *sq.* サンドラ・ロジエは、この観点にたってウィトゲンシュタインの『論理哲学論考』を分析する。

(9) Kierkegaard, *Papiers*, 以下に引用。Pierre Coulange, *Quand Dieu ne répond pas. Une réflexion biblique sur le silence de Dieu*, Paris, Cerf, 2013, p. 207.

(10) Pierre Coulange, *ibid.*, p. 162.

(11) *Ibid.*, p. 164.

(12) Victor Hugo, « Ce que dit la bouche d'ombre », dans *Les Contemplations*, *op. cit.*, p. 507-508 et 520.

(13) Victor Hugo, « Pleurs dans la nuit », *ibid.*, p. 520.

(14) Maurice Maeterlinck, *Le Trésor des humbles*, *op. cit.*, p. 16.

(15) *Ibid.*, p. 18.

(16) Maurice Merleau-Ponty, *Signes*, 以下に引用。 Nina Nazarova, *Le Silence en littérature*, *op. cit.*, introduction, p. 7.

(17) Pascal Quignard, *La Leçon de musique* et *Tous les matins du monde*, 以下に引用。 Nadia Jammal, « La quête... », *op. cit.*, p. 219 et 225〔パスカル・キニャール『世界のすべての朝は』高橋啓訳、伽鹿舎、2017年〕.

(18) Max Picard, *Le Monde du silence*, *op. cit.*, p. 65.

(19) Eugène Delacroix, *Journal 1822-1863*, Paris, Plon, 1980, p. 476-477.

(20) Paul Claudel, *L'Œil écoute*, *op. cit.*, p. 173, 179 et 189.

(21) *Ibid.*, p. 196, 203 et 253.

(22) *Ibid.*, p. 332.

(23) Paul Claudel, *Conversations dans le Loir-et-Cher*, « Aegri somnia », *ibid.*,

(8) Marie-Luce Gélard (dir.), *Corps sensibles. Usages et langages des sens*, Nancy, Presses universitaires de Nancy, 2013, p. 78-79 et 87. また以下を見よ。Rudy Steinmetz, « Conceptions du corps à travers l'acte alimentaire aux XVII et XVIIIe siècles », *Revue d'histoire moderne et contemporaine*, XXXV-1, 1988, p. 3-35.

(9) Alain Corbin, « Le mot du président », *1848, révolutions et mutations au XIXe siècle* : « Le silence au XIXe siècle », année 1994, p. 16.

(10) Olivier Balaÿ, Olivier Faure, *Lyon au XIXe siècle. L'environnement sonore de la ville*, Grenoble, Cresson/ Centre Pierre-Léon, 1992.

(11) *Le cas des cloches. Soumis par Nadar à M. le ministre des Cultes (- puisqu'il y en a encore un...) et à tous les maires, conseillers municipaux, députés et même sénateurs*, Chambéry, Ménard, 1883.

(12) Luigi Russolo, *L'Art des bruits* [1916], Lausanne, L'Âge d'homme, 1975.

(13) H. Hazel Hahn, *Scenes of Parisian Modernity. Culture and Consumption in the Nineteenth Century*, New York, Palgrave/Macmillan, 2009.

(14) Esteban Buch, « Silences de la Grande Guerre », dans *Entendre la guerre. Sons, musiques et silences en 14-18*, Paris, Gallimard/Historial de la Grande Guerre, 2014. 当該段落の内容の要点および引用はこの素晴らしい論文から借りた。

(15) Alain Corbin, *Les Filles de noce*, Paris, Flammarion, coll. « Champs Histoire », 1982, *passim*〔アラン・コルバン『娼婦』杉村和子監訳、藤原書店、1991年〕.

第5章　間奏曲——ヨセフとナザレあるいは絶対の沈黙

(1) *Écrits spirituels de Charles de Foucauld*, *op. cit.*, p. 135.

(2) Charles de Foucauld, *Nouveaux écrits spirituels*, Paris, Plon, 1950, p. 31.

(3) *Ibid.*, p. 49.

第6章　沈黙の言葉

(1) パスカル・キニャールによる引用、以下を見よ。Nadia Jammal, « La quête de ce qu'on a perdu dans La Leçon de musique et Tous les matins du monde de Pascal Quignard », dans *Le Silence en littérature*, *op. cit.*, p. 219.

(36) *Ibid.*, p. 182.

(37) *Ibid.*, p. 220.

(38) *Ibid.*, p. 235.

(39) *Ibid.*, p. 258.

(40) Michel Laroche, *La Voie du silence. Dans la tradition des Pères du désert*, Paris, Albin Michel, 2010, p. 86. この著作は、沈黙に関して、正教神学の大要を明確に説明している点で、大変貴重である。

(41) Margaret Parry, « Le monastère du silence ou la recherche du Verbe », dans *Le Silence en littérature, op. cit.*, シャルル・デュ・ボスに関して、デュ・ボスにとって「魂の言語は沈黙である」(p. 49)。

(42) Senancour, *Oberman, op. cit.*, p. 64.

(43) 以下に引用。 Jean-Pierre Reynaud, « La rose des ténèbres. Transparence et mystère chez Maeterlinck », dans *Du visible à l'invisible, op. cit.*, p. 135 et 143.

(44) Thierry Laurent, « Le silence dans l'oeuvre de Patrick Modiano », dans *Le Silence en littérature, op. cit.*, p. 61.

第4章　沈黙の学習と規律

(1) Maurice Maeterlinck, *Le Trésor des humbles*, Bruxelles, Labor, 1986, p. 20〔メーテルリンク『貧者の宝』山崎剛訳、平河出版社、1995年〕.

(2) *Ibid.*, p. 15.

(3) François René de Chateaubriand, *Génie du christianisme, op. cit.*, p. 912.

(4) Alain, *Propos*, Paris, Gallimard, coll. « Bibliothèque de la Pléiade », t. II, 1970, 20 novembre 1927, p. 716〔アラン『プロポ II』山崎庸一郎訳、みすず書房、2003年〕.

(5) Jean-Noël Luc, « L'invention du jeune enfant au XIXe siècle. De la salle d'asile à l'école maternelle (1826-1887) », thèse d'État, université Paris I Panthéon-Sorbonne, 1994.

(6) Baronne Staffe, *Règles du savoir-vivre dans la société moderne*, Paris, Victor-Havard, 24e éd., 1891.

(7) Thierry Gasnier, « Le silence des organes », mémoire de maîtrise, EHESS, 1980.

oratoires, Paris, Desclée de Brouwer, t. 6, 1894, p. 252-253.
(13) *Ibid.*, p. 246.
(14) *Ibid.*, p. 242.
(15) *Ibid.*, p. 246.
(16) *Ibid.*, p. 241.
(17) Bossuet, « Seconde exhortation aux ursulines de Meaux », *ibid.*, p. 230.
(18) *Ibid.*, p. 231.
(19) *Ibid.*, p. 232.
(20) Bossuet, « Second panegyrique de saint Benoît », dans *Œuv*res, Paris, Gallimard, coll. « Bibliothèque de la Pléiade », 1961, p. 560.
(21) Bossuet, « Premier panegyrique de saint Benoît », *ibid.*, p. 298.
(22) Bossuet, « Panegyrique de saint Bernard », *ibid.*, p. 270.
(23) *Ibid.*, p. 271.
(24) Bossuet, « Méditation sur le silence », dans *Œuvres oratoires*, *op. cit.*, p. 365-366.
(25) *Ibid.*, p. 366.
(26) *Ibid.*, p. 367.
(27) *Ibid.*, p. 371 et 377.
(28) *Ibid.*, p. 378.
(29) *Ibid.*, p. 381.
(30) François René de Chateaubriand, *Vie de Rancé*, *op. cit.*, p. 220.
(31) ヴァニタスについては、以下の大変素晴らしい目録を見よ。*Les Vanités dans la peinture au XVII*[e] *siècle*, Caen, musée des Beaux-Arts, 1990 ; そのうち特に以下を見よ。 Alain Tapié, « Décomposition d'une méditation sur la vanité » et « Petite archéologie du vain et de la destinée », ainsi que Louis Marin, « Les traverses de la vanité ».
(32) Mireille Lamy, « Marthe ou Marie ? Les franciscains entre action et contemplation », dans *Le Silence du cloître. L'exemple des saints, XIV*[e]*-XVII*[e] *siècle*, Clermont-Ferrand, université Blaise-Pascal, 2011, p. 63.
(33) *Ibid.*, *passim.*
(34) *Écrits spirituels de Charles de Foucauld*, Paris, J. de Gigord, 1951, p. 120.
(35) *Ibid.*, p. 135.

(86) François René de Chateaubriand, *Vie de Rancé*, Paris, Le Livre de poche, 2003. これについては以下を参照。Alain Corbin, « Invitation à une histoire du silence », dans *Foi, fidélité, amitié en Europe à l'époque moderne. Mélanges offerts à Robert Sauzet*, Paris, Publications de l'université de Tours, t. II, 1995, p. 301-311.

(87) Victor Hugo, « À l'arc de triomphe », *Les Voix intérieures, op. cit.*, p. 160.

第3章　沈黙の探求

(1) Baltasar Álvarez, 以下に引用。Giulia Latini Mastrangelo, « Le silence, voix de l'âme », dans *Le Silence en littérature. De Mauriac à Houellebecq*, Paris, L'Harmattan, 2013, p. 119.

(2) Louis de Grenade, *De l'oraison et de la considération*, Paris, 1863. 瞑想法の歴史については、以下を参照。Marc Fumaroli, *L'École du silence. Le sentiment des images au XVIIe siècle*, Paris, Flammarion, coll. « Champs », 1998, notamment p. 234-237.

(3) Maurice Giuliani, « Écriture et silence. À l'origine des Exercices spirituels d'Ignace de Loyola », dans *Du visible à l'invisible. Pour Max Milner*, Paris, José Corti, t. II, 1988, p. 112.

(4) Ignace de Loyola, *Exercices spirituels, précédés du Testament*, Paris, Arléa, 2002, p. 54〔イグナチオ・デ・ロヨラ『霊操』門脇佳吉訳、岩波文庫、1995年〕.

(5) *Ibid.*, p. 195.

(6) *Ibid.*, p. 208 et 255.

(7) Thérèse d'Avila, Jean de la Croix, *Œuvres*, Paris, Gallimard, coll. « Bibliothèque de la Pléiade », 2012, p. 773.

(8) *Ibid.*, p. 774.

(9) *Ibid.*, note, p. 1033.

(10) Gérald Chaix, « Réforme et contre-Réforme catholiques. Recherches sur la chartreuse de Cologne au XVI^e^siècle », *Analecta cartusiana*, n° 80, Salzbourg, 1981, t. 1, p. 67.

(11) *Ibid.*, p. 410-411.

(12) Bossuet, « Troisième exhortation aux ursulines de Meaux », dans *Œuvres*

(66) John Muir, *Célébrations de la nature*, *op. cit.*, p. 252.

(67) Robert Walser, *La Promenade*, 以下に引用。Antoine de Baecque, *Écrivains randonneurs*, Paris, Omnibus, 2013, p. 832.

(68) Ann Radcliffe, *Les Mystères d'Udolphe*, Paris, Gallimard, coll. « Folio classique », 2001, p. 56.

(69) François René de Chateaubriand, *René*, dans *Atala. René. Le Dernier Abencerage*, Paris, Gallimard, coll. « Folio classique », 1971, p. 144-145〔シャトーブリアン『アタラ・ルネ』田辺貞之助訳、新潮文庫、1952年〕.

(70) Guy Thuillier, *Pour une histoire du quotidien au XIX*e *siècle en Nivernais*, Paris, EHESS, 1977.

(71) Victor Hugo, « À Olympio », dans *Les Voix intérieures*, *op. cit.*, p. 225.

(72) Victor Hugo, « Aux arbres », dans *Les Contemplations*, *op. cit.*, p. 229.

(73) Jules Barbey d'Aurevilly, *L'Ensorcelée*, dans *Romans*, *op. cit.*, p. 380 et 398.

(74) Jules Barbey d'Aurevilly, *Un prêtre marié*, *op. cit.*, p. 894.

(75) Georges Rodenbach, *Bruges-la-Morte*, *op. cit.*, p. 130.

(76) Georges Rodenbach, *Œuvre poétique*, *op. cit.*, p. 222.

(77) *Ibid.*, p. 226.

(78) Honoré de Balzac, *Béatrix*, dans *La Comédie humaine*, Paris, Gallimard, coll. « Bibliothèque de la Pléiade », t. II, 1976, p. 640, 642, 644, 655, 659 et 678〔バルザック『ベアトリックス』石原豊太訳、東京創元社、1974年〕.

(79) Honoré de Balzac, *Le Curé de Tours*, *ibid.*, t. IV, p. 183 et 185〔バルザック『ツールの司祭、赤い宿屋』水野亮訳、岩波文庫、1945年〕.

(80) Nicole Mozet, « Introduction », *ibid.*, p. 175.

(81) Jules Barbey d'Aurevilly, *Le Chevalier Des Touches*, dans *Romans*, *op. cit.*, p. 533〔バルベー・ドールヴィイ『デ・トゥーシュの騎士』中条省平訳、ちくま文庫、2012年〕.

(82) Julien Gracq, *Le Rivage des Syrtes*, *op. cit.*, p. 321.

(83) Pierre Sansot, *Du bon usage de la lenteur*, 以下に引用。Antoine de Baecque, *Ecrivains randonneurs*, *op. cit.*, p. 786.

(84) François René de Chateaubriand, *Génie du christianisme*, *op. cit.*, p. 884 et 890.

(85) Max Picard, *Le Monde du silence*, *op. cit.*, p. 126 et 128-129.

(48) Georges Rodenbach, *Œuvre poétique*, *op. cit.*, p. 290 et 113.

(49) Émile Zola, *Une page d'amour*, dans *Les Rougon Macquart*, *op. cit.*, p. 1084〔エミール・ゾラ『愛の一ページ』石井啓子訳、藤原書店、2003年〕.

(50) Platon, *Euthydème*, dans *Œuvres complètes*, Paris, Gallimard, coll. « Bibliothèque de la Pléiade », t. I, 1950, p. 601.

(51) Jules Michelet, *La Montagne*, Plan-de-la-Tour, Éditions d'aujourd'hui, coll. « Les introuvables », 1983, p. 277〔ジュール・ミシュレ『山』大野一道訳、藤原書店、1997年〕.

(52) *Ibid.*, p. 279 et 126.

(53) François René de Chateaubriand, *Génie du christianisme*, *op. cit.*, p. 874.

(54) Joseph Conrad, *La Ligne d'ombre*, Paris, Garnier Flammarion, 1996, p. 143〔コンラッド『陰影線』朱牟田夏雄訳、『世界の文学24』中央公論社、1971年〕.

(55) *Ibid.*, p. 151.

(56) *Ibid.*, p. 162 et 163.

(57) Albert Camus, « La mer au plus près. Journal de bord », dans *L'Été*, Paris, Gallimard, 1959, p. 120〔カミュ「間近の海（乗船日記）」『夏』所収、滝田文彦訳『新潮世界文学48　カミュ I』新潮社、1968年〕.

(58) Albert Camus, « Retour à Tipasa », dans *L'Été*, Paris, Gallimard, coll. « Folio », 2014, p. 162-163〔カミュ「チパサへ帰る」、同書〕.

(59) Max Picard, *Le Monde du silence*, *op. cit.*, p. 106.

(60) François René de Chateaubriand, *Voyages*, dans *Œuvres complètes*, Paris, Furne, t. VI, 1832, p. 60.

(61) *Ibid.*, p. 61.

(62) *Ibid.*, p. 113.

(63) Henry David Thoreau, « Une promenade en hiver », dans *Essais*, *op. cit.*, p. 87 et 94-95.

(64) Victor Hugo, « À un riche », dans *Les Voix intérieures*, Paris, Poésie/Gallimard, 1964, p. 192.

(65) Sully Prudhomme, « Silence et nuit des bois », dans *Les Solitudes*, 以下に引用。 Émile Moulin, *Le Silence. Étude morale et littéraire*, Montauban, Forestié, 1885, p. 73.

Barthélemy, « L'Orient par l'oreille », Colloque sur Chateaubriand, 9 décembre 2006, études-romantiques.ish-lyon.cnrs.fr, p. 4.

(26) *Ibid.*, p. 7.

(27) *Ibid.*, p. 21.

(28) 以上すべての点について、以下を見よ。Guy Barthélemy, *Fromentin et l'écriture du désert*, Paris, L'Harmattan, 1997.

(29) Guy Barthélemy, « Le Désert ou l'immatérialité de Dieu, une variation lamartinienne sur le motif de la "caravane humaine" », colloque international sur Lamartine, Gertrude Durusoy (éd.), Izmir, 2004, p. 112-113.

(30) *Ibid.*

(31) *Ibid.*

(32) Guy Barthélemy, *Fromentin et l'écriture du désert*, *op. cit.*, p. 61.

(33) *Ibid.*, p. 62.

(34) Eugène Fromentin, *Un été dans le Sahara*, dans *Œuvres complètes*, Paris, Gallimard, coll. « Bibliothèque de la Pléiade », 1984, p. 54〔ウージェーヌ・フロマンタン『サハラの夏』川端康夫訳、法政大学出版局、1988年〕.

(35) *Ibid.*, p. 123.

(36) Gustave Flaubert, *Voyage en Égypte*, édition et présentation de Pierre-Marc de Biasi, Paris, Grasset, 1991, p. 64-70〔ギュスターブ・フロベール『フロベールのエジプト』斎藤昌三訳、法政大学出版局、1998年〕.

(37) Antoine de Saint-Exupéry, *Terre des hommes*, Paris, Gallimard, 1939, p. 83.

(38) Antoine de Saint-Exupéry, *Courrier Sud*, Paris, Gallimard, 1929, p. 36.

(39) *Ibid.*, p. 151.

(40) 以下に引用。Claude Reichler, *La Découverte des Alpes et la question du paysage*, Genève, Georg, 2002, p. 71.

(41) Senancour, *Oberman*, *op. cit.*, p. 274 et 289.

(42) *Ibid.*, p. 349.

(43) *Ibid.*, p. 349-350.

(44) *Ibid.*, p. 378 et 380.

(45) *Ibid.*, p. 410 et 414.

(46) *Ibid.*, p. 163, 176 et 421.

(47) John Muir, *Célébrations de la nature*, Paris, José Corti, 2011, p. 52.

(3) Stéphane Mallarmé, « L'azur », dans *Poésies*, Paris, Garnier-Flammarion, 1989, p. 59.

(4) Henry David Thoreau, *Journal, 1837-1861*, présentation de Kenneth White, Paris, Denoël, 2001, p. 31.

(5) *Ibid.*, p. 32.

(6) *Ibid.*, p. 115.

(7) *Ibid.*, p. 97.

(8) Henry David Thoreau, « Histoire naturelle du Massachusetts », dans *Essais*, Marseille, Le Mot et le Reste, 2007, p. 39.

(9) Henry David Thoreau, *Walden ou la vie dans les bois*, Paris, Gallimard, coll. « L'imaginaire », 1990, p. 142〔ソーロー『森の生活――ウォールデン』上下巻、神吉三郎訳、岩波文庫、1951年〕.

(10) Max Picard, *Le Monde du silence*, *op. cit.*, p. 106, 84 et 87.

(11) Nicolas Klotz, *Vertigo* : « Le silence », *op. cit.*, p. 89-91.

(12) Jean Breschand, *ibid.*, p. 91 et 93.

(13) Joubert, *Carnets*, 2 vol., Paris, Gallimard, 1994.

(14) Maurice de Guérin, *Le Cahier vert*, *op. cit.*, p. 91.

(15) François René de Chateaubriand, *Génie du christianisme*, Paris, Gallimard, coll. « Bibliothèque de la Pléiade », 1978, p. 566.

(16) Victor Hugo, « Pleurs dans la nuit », dans *Les Contemplations*, LGF, 2002, p. 408.

(17) Walt Whitman, *Feuilles d'herbe*, *op. cit.*, p. 273 et 91.

(18) Georges Rodenbach, *Œuvre poétique*, *op. cit.*, p. 93.

(19) Gaston Bachelard, *La Poétique de l'espace*, Paris, PUF, 1957, p. 206〔ガストン・バシュラール『空間の詩学』岩村行雄訳、思潮社、1961年〕.

(20) Marcel Proust, *Du côté de chez Swann*, *op. cit.*, p. 127.

(21) Paul Valéry, *Tel quel*, *op. cit.*, p. 656.

(22) Paul Valéry, *Mauvaises pensées et autres*, *ibid.*, p. 860.

(23) Philippe Jaccottet, *La Promenade sous les arbres*, Lausanne, La Bibliothèque des arts, 2009, p. 120-121.

(24) *Ibid.*, p. 59 et 66.

(25) François René de Chateaubriand, *Itinéraire de Paris à Jérusalem*, Guy

(28) *Ibid.*, p. 307.

(29) *Ibid.*, p. 310-312 et 329.

(30) Patrick Laude, *Rodenbach. Les décors de silence*, Bruxelles, Labor, 1990, p. 71 et 79.

(31) Max Picard, *Le Monde du silence*, *op. cit.*, p. 55.

(32) Georges Rodenbach, *Le Règne du silence*, Charpentier 1891. この作品に関してはすべて以下から引用。Georges Rodenbach, *Œuvre poétique*, Paris, Mercure de France, dont *le Règne du silence*, t. 1, Archives Karéline, 2008, p. 77, 271, 183, 188-189, 191 et 216.

(33) Max Picard, *Le Monde du silence*, *op. cit.*, p. 89.

(34) Safia Berhaim, « Acheminement vers la parole. Le cinéma de Philippe Garrel », *Vertigo. Esthétique et histoire du cinéma* : « Le silence », n° 28, été 2006.

(35) Max Picard, *Le Monde du silence*, *op. cit.*, p. 82-83.

(36) *Ibid.*, p. 131.

(37) Joris-Karl Huysmans, *Les Foules de Lourdes*, Paris, Plon-Nourrit, 1911, p. 228〔J.-K. ユイスマンス『ルルドの群集』田辺保訳、図書刊行会、1994年〕.

(38) Joris-Karl Huysmans, *La Cathédrale*, Clermont-Ferrand, Éditions Paléo, 2009, p. 82〔J.-K. ユイスマンス『大伽藍』出口裕弘訳、平凡社、1995年〕.

(39) *Ibid.*, p. 99-100 et 434.

(40) *Ibid.*, p. 190.

(41) *Ibid.*, p. 86.

(42) Senancour, *Oberman*, Paris, Garnier-Flammarion, 2003, p. 101-102〔セナンクール『オーベルマン』市原豊太訳、岩波文庫、1940年〕.

(43) Julien Gracq, *Le Rivage des Syrtes*, *op. cit.*, p. 71, 35, 32 et 223.

第2章　自然の静寂

(1) Maurice de Guérin, *Le Cahier vert*, dans *Œuvres complètes*, Paris, Classiques Garnier, 2012, p. 22 et 72.

(2) Leconte de Lisle, « Dies Iræ », dans *Poèmes antiques*, Paris, Gallimard, coll. « Poésie », 1994, p. 294.

(13) Joris-Karl Huysmans, *À rebours*, Paris, Gallimard, coll. « Folio classique », présentation de Marc Fumaroli, 1983, p. 142-143〔ユイスマンス『さかしま』澁澤龍彥訳、河出文庫、2002年〕.

(14) 以下を見よ。Michelle Perrot, *Histoire de chambres*, *op. cit.*, p. 119 et 255.

(15) Walt Whitman, *Feuilles d'herbe*, Paris, José Corti, 2008, p. 267〔ウォルト・ホイットマン『草の葉』酒本雅之訳、岩波文庫、1998年〕.

(16) Rainer Maria Rilke, *Les Cahiers de Malte Laurids Brigge*, Paris, Seuil, coll. « Points », 1966, p. 43.

(17) *Ibid.*, p. 71.

(18) *Ibid.*, p. 158-159.

(19) Marcel Proust, *Du côté de chez Swann*, dans *À la recherche du temps perdu*, Paris, Gallimard, coll. « Bibliothèque de la Pléiade », 1954, p. 127 et 49-50〔マルセル・プルースト『失われた時を求めて 1 スワン家の方へⅠ、Ⅱ』吉川一義訳、岩波文庫、2010年〕.

(20) Jules Barbey d'Aurevilly, « Le rideau cramoisi », *Les Diaboliques*, dans *Romans*, *op. cit.*, p. 939〔バルベー・ドールヴィイ「深紅のカーテン」『悪魔のような女たち』所収、中条省平訳、ちくま文庫、2005年〕.

(21) Victor Hugo, « Regard jeté dans une mansarde », dans *Les Rayons et les Ombres*, Paris, Gallimard, coll « Poésie », 1964, p. 259.

(22) *Ibid.*, p. 262-263.

(23) Émile Zola, *Le Rêve*, dans *Les Rougon-Macquart*, Paris, Gallimard, coll. « Bibliothèque de la Pléiade », t. IV, 1966, p. 902〔エミール・ゾラ『夢想』小田光雄訳、論創社、2004年〕.

(24) Jules Verne, *Une fantaisie du docteur Ox*, Paris, Gallimard, coll. « Folio », 2011, p. 17-18〔ジュール・ヴェルヌ『オクス博士の幻想』窪田般彌訳、東京創元社、1970年〕.

(25) Georges Bernanos, *Monsieur Ouine*, Paris, Le Livre de poche, 2008, p. 49〔ジョルジュ・ベルナノス『ウィーヌ氏』『ジョルジュ・ベルナノス著作集3』所収、渡辺義愛訳、春秋社、1979年〕.

(26) *Ibid.*, p. 50.

(27) *Ibid.*, p. 51.

原　注

第1章　場所がそなえる静寂と安らぎ

（1）Paul Valéry, *Tel quel*, dans *Œuvres*, Paris, Gallimard, coll. « Bibliothèque de la Pléiade », t. II, 1960, p. 656-657.

（2）Max Picard, *Le Monde du silence*, Paris, PUF, 1954, p. 4〔マックス・ピカート『沈黙の世界』佐野利勝訳、みすず書房、1964年〕.

（3）Jules Barbey d'Aurevilly, *Un prêtre marié*, dans *Romans*, Paris, Gallimard, coll. « Quarto », présentation de Judith Lyon-Caen, 2013, p. 889〔バルベイ・ドールヴィリ『妻帯司祭』小島俊明訳、出帆社、1974年〕.

（4）Georges Rodenbach, *Bruges-la-Morte*, Paris, Garnier-Flammarion, 1998, p. 193〔ローデンバック『死都ブリュージュ』窪田般彌訳、岩波文庫、1988年〕.

（5）Julien Gracq, *Le Rivage des Syrtes*, Paris, José Corti, 2011〔ジュリアン・グラック『シルトの岸辺』安藤元雄訳、集英社、1967年、岩波文庫、2014年〕.

（6）Vercors, *Le Silence de la mer*, Paris, Le Livre de poche, 1994, p. 20〔ヴェルコール『海の沈黙・星への歩み』河野與一、加藤周一訳、岩波文庫、1951年〕.

（7）*Ibid.*, p. 33.

（8）*Ibid.*, p. 43.

（9）*Ibid.*, p. 48.

（10）Paul Claudel, *L'œil écoute,* dans *Œuvres en prose,* Paris, Gallimard, coll. « Bibliothèque de la Pléiade », 1965, p. 2740〔ポール・クローデル『眼は聴く』山崎庸一郎訳、みすず書房、1995年〕.

（11）Michelle Perrot, *Histoire de chambres*, Paris, Seuil, coll. « La librairie du XXIe siècle », 2009, p. 87 *sq*.

（12）Charles Baudelaire, *Le Spleen de Paris*, dans *Œuvres complètes*, Paris, Gallimard, coll. « Bibliothèque de la Pléiade », 1954, p. 292-293 et 316.

訳者解説

本書は、Alain Corbin, *Histoire du silence. De la Renaissance à nos jours*, Albin Michel, 2016. の全訳である。なおコルバンの多くの著作がそうであるように、原著はその後ポケットブック版になり、Flammarion, collection « Champs », 2018. に入っている。

まず邦題について一言述べておこう。フランス語の silence には大きく二つの意味がある。言葉を発しない、あるいは言葉を発することを禁じられているという意味での「沈黙」、そして音やざわめきがないという意味での「静寂」。実際コルバンは本書において、この二つの意味での silence を歴史的視点から論じている。大雑把に言えば、第1・2章がおもに静寂を、第3章以降が主として沈黙を論じているが、もちろん両者を含んだうえで叙述が展開されている場合も多い。日本語で静寂と沈黙は語感がかなり異なるし、一方が他方を包摂することはできない。そこで、原題は silence の歴史だが、邦題では静寂と沈黙という二語をあてることにした。

音の風景から静寂と沈黙の歴史へ

「日本の読者へ」で、本書の構想が二十年以上前に遡るとコルバンは書いている。実際彼は一九九五年に、「静寂と沈黙の歴史への招待 Invitation à une histoire du silence」と題された十ページ足らずの短い論文を発表したことがある。彼はその論文を、『文明化の過程』の著者ノルベルト・エリアスの名を喚起することから始めている。エリアスが論じた礼儀作法の普及、自己抑制の進行、さまざまな社会規範の内面化など、西洋社会において人々の習俗が洗練されていった過程を考慮するならば、静寂／沈黙の歴史が近代文化史を構成する重要な一面であることは確かだろう。続いてコルバンは、沈黙の習得と実践が上流階級と民衆を隔てる差異化の記号になること、学校、寄宿舎、修道院、そして監獄では、フーコー流に言えば沈黙が身体と精神を教化するための技法になっていたこと、田園地帯では沈黙が社会生活の絆を保つ機能を果たしていたことなどに触れている。

もっとも多くのページが割かれているのは、十九世紀の作家シャトーブリアンの『ランセの生涯』（一八四四）の分析である。シャトーブリアンはそのなかで、十七世紀の修道院と、彼自身が生きた十九世紀前半の修道院を比較しながら、音と静寂の歴史的風景を描いてみせたとコルバンは評価する。こうした一連の事例を素描しながら、彼はより体系的な静寂と沈黙の歴史が書かれなければならない、と提言していた。本書『静寂と沈黙の歴史』はそれから二十年を経て、まさにそのプログラムを具体化した著作ということになる。「静寂と沈黙の歴史への招待」で示唆されていた話題や、その名が引かれていた作家・芸術家の多くが本書であらためて取りあげられ、発展した議論の対象になっているのである。

実際、感性の歴史学を代表するコルバン以上に、静寂と沈黙の歴史を書くのにふさわしい人はいないだろう。『においの歴史』（一九八二）で、においや嗅覚という捉えがたい対象を論じ、『音の風景』（一九九四）で、十九世紀フランスの田園地帯に鳴り響いていた教会の鐘の音が、人々の生活と、集団的な情動と、共同体的なアイデンティティの形成にどのように関与するかを分析することで、音の風景をあざやかに現出させた。そして「静寂と沈黙の歴史への招待」がそれとほぼ同時期に執筆されたのは、もちろん偶然ではない。音と聴覚的感性の歴史を跡づけたのであれば、音やざわめきの不在である静寂や、言葉の不在である沈黙について歴史的な流れを辿ろうとするのは、いかにも論理的な流れだからである。本書はその意味で、『音の風景』と対をなし、その姉妹篇と言えるだろう（コルバン歴史学のテーマと射程の見取り図については、小倉孝誠「アラン・コルバンと歴史学の転換」、『思想』岩波書店、二〇一八年一月号を参照いただければ幸いである）。

コルバンはどのような文献に依拠したか

最初の構想からその実現まで二十年の歳月を要した『静寂と沈黙の歴史』だが、その空白の長さは、コルバンの無頓着や多忙によって説明されるものではないだろう。

歴史学とは痕跡に依拠する学問であり、史料にもとづく知的営為であることは言うまでもない。どのようなかたちであれ痕跡も史料も残されていなければ、歴史研究は成立しえない。音や、騒音や、音楽の歴史、つまり聴覚をめぐる感性の歴史なら史料が数多く残されている。『音の風景』を執筆するためにコルバンが参照したのは、鐘が村落共同体にもたらしたさまざまな事件や訴訟をめぐる記録、行政や司法の文書、そして教会当局が保存してきた史料だった。また現代フランスの歴史家ギュトンは豊富な史料に基づいて、中世から現代にかけて社会空間と家庭において、どのような音の風景が形成されていたかを概観してみせた（Jean-Pierre Gutton, *Bruits et sons dans notre histoire*, PUF, 2000.）

他方、静寂や沈黙は、少なくとも十九世紀までそれ自体が行政の問題や司法の争点になることはなかった。音の不在である静寂や、言葉が発せられないという意味での沈黙は、その性質上、痕跡として残らないし、行政、司法、教会が所有する文書に記録されることも少ない。とりわけ沈黙は、政治的、宗教的権力によって言葉を剝奪されるところに生じることが多いから、空白として残るのみである。こうした理由から静寂と沈黙は、歴史家にとって把握するのが困難な対象だったのである。

ではコルバンは、静寂と沈黙の歴史を語るためにどのような史料に依拠したのか。哲学書や、文学作品や、宮廷人が著わした作法書や、聖職者の手になる戒律や霊的指導書である。こうしてマックス・ピカートの『沈黙の世界』（一九四八）とバシュラールがしばしば言及され、近代の小説と詩が数多く引用され、十六世紀イタリアの外交官カスティリオーネの『宮廷人の書』と、ロヨラやボシュエが書いた宗教書が繰りかえし引用されることになった。とりわけ十九世紀フランス（語圏）の作家たちがしばしば登場するのが興味深い。たとえばシャトーブリアン、セナンクール、ユゴー、ラマルチーヌといったロマン主義作家、世紀末のユイスマンスや、ベルギーのローデンバックとメーテルリンクが静寂と沈黙を謳った文学者として評価される。二十世紀の作家としては、ベルナノスや『シルトの岸辺』のジュリアン・グラックが頻繁に言及されている。フランス人以外ではアメリカのソローやホイットマン、オーストリアのブロッホなどから興味深い引用がなされている。本書は静寂と沈黙をめぐる文学史としても読めるだろう。

網羅的ではないが、時代としてはルネサンス期から現代までをカバーし、取り上げられる文献のジャンル、著者の国籍も多岐にわたる。コルバンは近代ヨーロッパにおける静寂と沈黙の布置を全体的に描いてみせたのである。

静寂の風景

本書の内容を概観してみよう。

第1、2章は静寂と静けさが問題になる。二つの章が割かれているのは、静寂が支配する場所の違いによる。まず人間が作り出した建物や施設が静寂を要求する、あるいは静寂と親和性が強いという状況がある。家庭という私生活空間、とりわけ書斎や寝室は静寂さを求め、そこに住む人がいわば静寂に耳を傾ける。教会や修道院といった宗教的施設では、祈りと瞑想のために静かさと沈黙が求められる。

次に、自然をかたちづくるさまざまな要素も、人々の静寂への感性を研ぎ澄ますように作用する。その場合、静寂とは音やざわめきが完全に欠落しているから生じるのではなく、むしろ風や雨や動物のかすかな音を伴うことでいっそう増幅される。森や、山や、雪原の静寂、あるいは夜や月の風景のおだやかさなどがこうして喚起される。アフリカや中近東の砂漠がもたらす特有の静寂、そして人間の手になる文化と自然の接点に位置する廃墟は、文明論的な考察をいざないつつ静寂の美学をうながした。廃墟の静けさは、滅びた文明の残滓を実感させてくれるからだ。このようなトポスの多くは、西洋ではロマン主義文学によって発見され、表象されたことをコルバンは指摘する。自然の発見とは、静寂の発見でもあったということである。

たとえばセナンクールの小説『オーベルマン』では、主人公がアルプスに登攀して、山岳地帯の静謐な感覚に驚嘆するし、フロマンタンやフロベール、そして二十世紀になれば『星の王子さま』の作家サン＝テクジュペリが、北アフリカの広大な砂漠に足を踏み入れて、無限の静かさを経験する。砂漠の夜に月がのぼっていれば、静寂の風景は完璧である。十九世紀前半にオリエントに旅した多くの作家が紀行文を書き残したが、そこでは砂漠の静寂と、廃墟の静かさと、独裁体制によって課される人々の沈黙が深く結びついていた。これらすべてのテーマをあざやかに例証するのがシャトーブリアンであり、だからこそコルバンはもっとも頻繁に彼の作品を引用している。

沈黙の多面性

第3章以降は、おもに沈黙をめぐって議論が展開していく。「おもに」と限定するのは、冒頭でも述べたように沈黙と静寂は状況によっては分離しがたく、われわれ読者は沈黙のなかに静寂を、静寂のなかに沈黙を読み取ったほうがいい場合が散見されるからである。第3章「沈黙の探求」においては、ロヨラやボシュエの著作を参照しながら、カトリック修道院の戒律が、瞑想と祈りのために沈黙を不可欠と見なしていたことが示される。世界中のあらゆる宗教が沈黙を求め、推奨するのであり、沈黙は神との対話に必要な条件でさえある。

その沈黙の習慣は自然に形成されるものではなく、意図的に学習されなければならない。こうして第4章「沈黙の学習と規律」では、どのような場所で、どのようにして沈黙が習得されていったかが論じられる。沈黙が実践される教会と修道院は、それが学ばれる空間でもある。学校や寄宿舎も同じで、沈黙を学ぶのは他者への尊敬と、自己抑制つまりみずからの情動を統御する術を会得することにほかならない。他方、軍隊では苦しみや逆境に黙って耐えることが、軍人の名誉の一部をなしていた。

こうした沈黙の習得の技法を叙述していたのが、たとえばカスティリオーネが書いた『宮廷人の書』であり、近代の礼儀作法書である。それはエリアスの言う習俗の文明化に寄与するものだった。なおこの章では、産業革命と都市化が進行した十九世紀に、市民生活における音や、喧騒や、労働にまつわる騒音が増えたため（当時の都市は、現代の都市よりもおそらくやかましかった）、世紀末から騒音にたいする許容の閾値が下がり、騒音規制が始まったことにも触れられている。沈黙の習得は、社会空間と産業空間の音の風景への感受性を変えたのである。

イエスの父ヨセフの絶対的沈黙に触れた第5章「間奏曲」に続いて、第6章「沈黙の言葉」は愛や、感動や、悲嘆など激しい情動と沈黙の関係を問いかける。マックス・ピカートが名著『沈黙の世界』で指摘したように、沈黙は単なる言葉の不在ではないし、言葉が終わるところで始まるだけの否定的な状態でもない。沈黙はときとして言葉以上の言葉であり、言葉以上に雄弁である。沈黙と静寂は言葉以上に人間の精神と、感情と、感覚に強く訴えかけることができるのだ。こうして、たとえば愛する者どうしのあいだに生じる沈黙の時は、気づまりな瞬間ではなく、愛の昂揚が頂点に達した時を表わしうる。沈黙の詩と形容されることもある絵画においては、描かれた場面の静寂が人物の霊性や、風景の神秘性や、人間の孤立や、社会空間の寂寥感を明示的な言語にもまして際立たせる。ルネサンス期の宗教画や、ドイツ・ロマン派のフリードリヒの風景画や、象徴派絵画などを想起すればいいだろう。

沈黙は社会関係や人々のつながりにおいて、意図的に活用されることがあるというのが、第7章「沈黙という戦略」の趣旨である。言葉と会話が人間どうしのコミュニケーションを図る基本的手段であることは昔も現在も変わらないが、自己像の探求と提示、さらには自己自身の卓越化においては沈黙が有効な機能を果たすことができる。宮廷人の作法において、言葉とりわけ饒舌は躓きのもとであり、時宜をわきまえて言葉を慎む術を知らなければならない。賢明な人間はみずからを抑制し、真実を語ることが危険を伴うときは黙するべきだ、と十七世紀グラシアンの『宮廷人』は説く。会話における洗練された話術は宮廷人にとってひとつの技術だが、ときには沈黙も必要であろう。能弁よりも寡黙によって、他人のみずからにたいする敬意を高められるのだ。

宮廷人とは対蹠点に位置する農民の社会においても、沈黙と、口に出して言われない暗黙の掟はやはり重要な役割を果たす。沈黙することで農民たちは、家族や一族の秘密が露見することを防ぎ、一家の名誉を守る。沈黙はまた、みずからが帰属する農村共同体の絆と秩序を保護するためにも活用される。それはたとえば、フランス中部ボース地方を舞台にしたエミール・ゾラの農民小説『大地』(一八八七)によく示されている。

第8章「愛の沈黙から憎悪の沈黙へ」は、激しい情動の感覚を体験する瞬間に、言葉が一時的に失われ、沈黙そのものがその情動の激しさを物語ることができるということを教えてくれる。コンスタンやメーテルリンクやローデンバックの作品では、愛の芽生え、成長、成就において、言葉よりも沈黙が決定的である。愛の深さは沈黙のなかで確認され、恋人たちは言葉以上に、まなざしやかすかな身ぶりでお互いを語りあう。沈黙と静寂は愛の夢想を保護し、恋人たちの絆を強めてくれる。同じように、愛の快楽は沈黙を守ろうとする。とりわけ女性は羞恥心ゆえに、官能の開花や歓びを静かに、声もなく享受する。愛や快楽とまったく逆の情動である憎悪は、叫びや暴力となって爆発することもあるが、それが不可能な場合には、じっと沈黙のなかに沈潜する。しかし言葉を奪われた憎しみには、それだけ屈折した激越さが内包されることになるだろう。

最後の第9章「後奏曲——沈黙の悲惨」のメインテーマは、沈黙と静寂が引き起こす恐怖である。宗教の領域で言えば、聖書のなかで神はしばしば沈黙し、それがときにイエスを慨嘆させるのだが、すべては神の御心として受容される。しかしその神の沈黙をめぐって、近代の作家と思想家はときに絶望し、ときに疑いを抱き（神はほんとうに存在するのか?）、またあるときは怒りの念を露わにする。十九世紀文学は、もはや「隠れた神」を信じないし、二十世紀では詩が宗教と分離してしまった。

他方、世俗的な領域では、完全な沈黙は不安や苦痛を引き起こしうる。誰もが沈黙を評価できるわけではなく、沈黙に抑圧され、打ちひしがれことがあるのだ。群衆の沈黙はときに無視や敵意のしるしだし、戦場や闇夜の沈黙には不気味さがただよう。途方もない災害の後には、無力感のまじった沈黙が支配する。そして究極的な沈黙は、死が接近してくるときの沈黙、死そのものの沈黙である。病人の寝室や墓地は必然的に沈黙と静寂の空間である。作家ヘルマン・ブロッホは『ウェルギリウスの死』（一九四五）において、死に瀕した古代ローマの詩人がいかにして沈黙の訪れを感じ、みずからの精神に静寂を迎え入れていくかを鮮やかに語ってみせた。

現代の状況

こうしてアラン・コルバンは、ルネサンス期から現代に至るまでの西洋を舞台に、静寂と沈黙が演じる多様なドラマを叙述してみせた。しかしかつて習得され、評価された静寂と沈黙が現代では位相が変わってきたことを、著者は「日本語版への序文」のなかで語っている。今や、静寂に耐えられず、静寂から逃れようとする人たちがいるのだ。

他方で、あらゆる種類の騒音が満ちあふれている都市から、たとえ一時的であれ脱出しようとする人も多い。現代では、とりわけ観光業界で静寂を売りにするビジネスさえ成立する。戦後まもなく刊行された『沈黙の世界』のなかで、マックス・ピカートは沈黙／静寂は利用価値がなく、効用世界の外にあると主張したが、そして当時はそれで正しかったのだろうが、七十年経った現在では状況が異なる。静寂さえ、需要と供給という商業システムに組み込まれる時代がやってきたのである。現代における静寂と沈黙をめぐっては、社会学的、人類学的なアプローチが可能だろう。

騒音や雑音はいとわしいし、ささいな音でも状況によっては煩わしい。ではどのような場合でも静寂のほうが好ましいかといえば、そうでもない。コルバンは本書の最終章で死の静寂／沈黙を論じているが、絶対的な孤独を感じさせ、恐ろしい死を予感させる完全な静寂に、人は容易に耐えることができないのではないだろうか。親しみのある物音、愛する者の声、近しい人がたてる日常的な音などは、われわれの日常生活にリズムをあたえるのであり、それを奪われれば一種の疎外感を覚えるはずである。

静寂は心を鎮め、身体を癒してくれるという意味で治癒効果を有する。静けさは、精神的にも肉体的にも人間の健康にとって必要なものである。それはまた内省をうながす。コルバンが本書で示してくれたように、近代フランスにおいて、静寂はしばしば瞑想と規律を保証するための条件であり、習得すべき態度にほかならなかった。しかるべき時に、しかるべきしかたで沈黙を守ることは、ルネサンス期以来、上流社会の霊的生活と礼儀作法システムのなかで重要な位置を付与されてきたのである。

かつても現在も、音と静寂にたいする接し方は社会、文化、そして個人によってけっして一様ではない。かつてレヴィ＝ストロースはアマゾン先住民の習俗を分析しつつ、神話が伝達されるためにさまざまなコードが用いられること、そして音響コードがそのひとつであることを指摘した（『構造人類学』）。音響コードは静寂と音、連続的な音と断続的な音のコントラストなどによって、社会的、宇宙論的なメッセージを伝えるのだという。静寂は多くの場合、心身をやわらげ、穏やかな快感をもたらしてくれるだろう。教会や、公園や、墓地や、森林などはいまだにいわば静けさの保存区域であり、人はそこに休息と安らぎを求め、周囲の世界から一時的に避難することができる。そこでわれわれは、時間が停止したような印象を抱き、内省へといざなわれる。静寂をとおして、われわれは世界や風景に新たなまなざしを注ぐことができるのである。

しかし逆に、静寂や沈黙のなかでは、みずからの位置を定めることのできない人たちがいる。音響という背景があってはじめて自分の存在を確かめられる人たちにとって、静寂と沈黙こそは、存在を不安定にしかねない侵入者にほかならない。彼らにとっては、音のみなぎる空間こそが意味の宿る感覚的環境なのであり、音こそが世界の空虚や残酷さからみずからを守ってくれるものなのだ。そうなれば、静寂や沈黙は意味の可能性を剝奪された、不安と苦悩をはらんだ環境にすぎなくなるだろう。

現代フランスの社会学者ダヴィッド・ル・ブルトンの見事な書物『沈黙について』(David Le Breton, *Du silence*, Métailié, 1997.) によれば、現代という時代は絶えず音声を発することによって、空間と時間を飽和させようとしている。いまだ開発されておらず、自由な使用が許されている静寂は、それがはらむ《無益さ》を解消するために、充足と開拓の作業にさらされる。というのも、現代社会を支配する生産と流通の論理にしたがえば、静寂そのものは何の役にもたっていないからだ。それは都市のなかの空き地のようなものであり、できるかぎり生産的な用途に供してやらなければならない。静寂は欠落であり、テクノロジーがまだ利用していない、あるいはテクノロジーによる監視のまなざしを偶然逃れてきた残余なのだ。

そうなれば、静寂を利益の源に変えようとする試みが出てきても驚くには当たらないだろう。事実、今日では静けさ、静寂がことのほか価値あるものとされている。商品の宣伝・広告において、静けさが強調されるのはそのためである。家は静かな場所にあったほうがいいに決まっているし、マンションの壁や床は厚くて防音効果の大きいものが好まれる、というように。耳障りな音を防ぎ、快い聴覚環境を守ろうとするのは、いまや集団的な感性の一部をなしている。騒音を完全に遮断することのできない現代都市は、新たな静寂と沈黙のかたちを模索しているということだろう。


八十歳を過ぎた現在も、アラン・コルバンの探求心は衰えを知らず、毎年のように著作を公にしている。本書の原著はフランスで二〇一六年四月に出版されたが、その後も『雨の歴史』（二〇一七）、そして『草地のすがすがしさ――古代から現代に至るある情動の歴史』（二〇一八）が刊行されている。そして『処女崇拝の系譜』（山田登世子・小倉孝誠訳）に続いて、本書は今年藤原書店から出る二冊目のコルバンの邦訳書ということになる。現在も、コルバンが監訳した大著『情動の歴史』（仮題、全三巻）のほか、コルバンの他の著作の翻訳が進行中である。ご期待いただきたい。

最後に翻訳について一言。まず中川真知子が全体を翻訳し、その後小倉があらためて目を通して、難解な箇所については二人で協議しながら訳文の調整を図った。「凡例」にも記したように、コルバンが文学作品に言及する際には、ときとして引用文に正確さを欠くことがある。原典と照合したうえで、その部分は訳者の判断で訂正しておいた。ただしその点を本文中に明示していないので、もし原著を傍らに本訳書を手に取る読者がいたら、その点をご了解いただきたい。なお文中に頻出するヴィクトル・ユゴーの詩作品の翻訳については、中野芳彦氏（大分県立芸術文化短期大学）に御教示を賜った。この場を借りてあらためてお礼申し上げる次第である。

編集を担当してくれたのは、藤原書店の小枝冬実さんである。原稿の整理や図版の件でいろいろお世話になった。深く感謝する次第である。

二〇一八年九月　　訳者を代表して

小倉孝誠

著者紹介

アラン・コルバン（Alain Corbin）

1936年フランス・オルヌ県生。カーン大学卒業後、歴史の教授資格取得（1959年）。リモージュのリセで教えた後、トゥールのフランソワ・ラブレー大学教授として現代史を担当（1972-1986）。1987年よりパリ第1大学（パンテオン=ソルボンヌ）教授として、モーリス・アギュロンの跡を継いで19世紀史の講座を担当。現在は同大学名誉教授。

“感性の歴史家”としてフランスのみならず西欧世界の中で知られており、近年は『身体の歴史』（全3巻、2010年）や『男らしさの歴史』（全3巻、2016-17年）の監修者も務め、多くの後続世代の歴史学者たちをまとめる存在としても活躍している。

著書に『娼婦』（1991年、新版2010年）『においの歴史』（1990年）『浜辺の誕生』（1992年）『時間・欲望・恐怖』（1993年）『人喰いの村』（1997年）『音の風景』（1997年）『記録を残さなかった男の歴史』（1999年）『レジャーの誕生』（2000年、新版2010年）『感性の歴史家アラン・コルバン』（2001年）『風景と人間』（2002年）『空と海』（2007年）『快楽の歴史』（2011年）『英雄はいかに作られてきたか』（2014年）『知識欲の誕生』（2014年）『処女崇拝の系譜』（2018年）など。監修した『身体の歴史』（全3巻）のうち『II　19世紀　フランス革命から第1次世界大戦まで』を、同じく『男らしさの歴史』（全3巻）のうち『II　男らしさの勝利　19世紀』を編集（刊行年は邦訳、いずれも藤原書店）。『木陰の歴史』『情動の歴史』（全3巻、II巻を編集）『雨、太陽、そして風』（編著）が翻訳進行中。

訳者紹介

小倉孝誠（おぐら・こうせい）

1956年青森県生。1987年、パリ第4大学文学博士。慶應義塾大学文学部教授。近代フランスの文学と文化史。著書に『犯罪者の自伝を読む』（平凡社新書、2010年）、『愛の情景』（中央公論新社、2011年）、『革命と反動の図像学』（白水社、2014年）、『写真家ナダール』（中央公論新社、2016年）など。また訳書にコルバン『音の風景』（藤原書店、1997年）、フローベール『紋切型辞典』（岩波文庫、2000年）など。

中川真知子（なかがわ・まちこ）

1982年東京都生。慶應義塾大学大学院文学研究科後期博士課程単位取得退学。2014年パリ第3大学博士。慶應義塾大学経済学部専任講師。20世紀フランス文学・思想。訳書に『日仏翻訳交流の過去と未来』（部分訳、大修館書店、2014年）、マルク・オジェ『非-場所——スーパーモダニティの人類学に向けて』（水声社、2017年）などがある。

静寂《せいじゃく》と沈黙《ちんもく》の歴史《れきし》——ルネサンスから現代《げんだい》まで

2018年12月10日　初版第1刷発行©

訳者　小倉孝誠
　　　中川真知子

発行者　藤原良雄

発行所　株式会社 藤原書店

〒162-0041　東京都新宿区早稲田鶴巻町523
電話 03（5272）0301
FAX 03（5272）0450
振替 00160-4-17013
info@fujiwara-shoten.co.jp

印刷・製本　中央精版印刷

落丁本・乱丁本はお取替えいたします
定価はカバーに表示してあります

Printed in Japan
ISBN978-4-86578-199-1

感性の歴史という新領野を拓いた新しい歴史家

アラン・コルバン（1936–）

「においの歴史」「娼婦の歴史」など、従来の歴史学では考えられなかった対象をみいだして打ち立てられた「感性の歴史学」。そして、一切の記録を残さなかった人間の歴史を書くことはできるのかという、逆説的な歴史記述への挑戦をとおして、既存の歴史学に対して根本的な問題提起をなす、全く新しい歴史家。

「嗅覚革命」を活写

においの歴史

（嗅覚と社会的想像力）

A・コルバン
山田登世子・鹿島茂訳

アナール派を代表して「感性の歴史学」という新領野を拓く。悪臭を嫌悪し、芳香を愛でるという現代人に自明の感受性が、いつ、どこで誕生したのか？　十八世紀西欧の歴史の中の「嗅覚革命」を辿り、公衆衛生学の誕生と悪臭退治の起源を浮き彫る名著。

Ａ５上製　四〇〇頁　**四九〇〇円**
（一九九〇年一二月刊）
◇978-4-938661-16-8

LE MIASME ET LA JONQUILLE
Alain CORBIN

浜辺リゾートの誕生

浜辺の誕生

（海と人間の系譜学）

A・コルバン
福井和美訳

長らく恐怖と嫌悪の対象であった浜辺を、近代人がリゾートとして悦楽の場としてゆく過程を抉り出す。海と空と陸の狭間、自然の諸力のせめぎあう場、「浜辺」は人間の歴史に何をもたらしたのか？

Ａ５上製　七六〇頁　**八六〇〇円**
（一九九二年一二月刊）
◇978-4-938661-61-8

LE TERRITOIRE DU VIDE
Alain CORBIN

近代的感性とは何か

時間・欲望・恐怖

（歴史学と感覚の人類学）

A・コルバン
小倉孝誠・野村正人・小倉和子訳

女と男が織りなす近代社会の「近代性」の誕生を日常生活の様々な面に光をあて、鮮やかに描きだす。語られていない、語りえぬ歴史に挑む。〈来日セミナー〉「歴史・社会的表象・文学」収録（山田登世子、北山晴一他）。

四六上製　三九二頁　**四一〇〇円**
（一九九三年七月刊）
◇978-4-938661-77-9

LE TEMPS, LE DÉSIR ET L'HORREUR
Alain CORBIN

「群衆の暴力」に迫る

人喰いの村

A・コルバン
石井洋二郎・石井啓子訳

十九世紀フランスの片田舎。定期市の群衆に突然とらえられた一人の青年貴族が二時間にわたる拷問を受けたあげく、村の広場で火あぶりにされた…。感性の歴史家がこの「人喰いの村」の事件を「集合的感性の変遷」という主題をたてて精密に読みとく異色作。

四六上製　二七二頁　二八〇〇円
（一九九七年五月刊）
◇978-4-89434-069-5

LE VILLAGE DES CANNIBALES
Alain CORBIN

世界初の成果

感性の歴史

L・フェーヴル、G・デュビィ、A・コルバン
小倉孝誠編
大久保康明・小倉孝誠・坂口哲啓訳

アナール派の三巨人が「感性の歴史」の方法と対象を示す、世界初の成果。「歴史学と心理学」「感性と歴史」「社会史と心性史」「感性の歴史の系譜」「魔術」「恐怖」「死」「電気と文化」「涙」「恋愛と文学」等。

四六上製　三三六頁　三六〇〇円
（一九九七年六月刊）
◇978-4-89434-070-1

音と人間社会の歴史

音の風景

A・コルバン
小倉孝誠訳

鐘の音が形づくる聴覚空間と共同体のアイデンティティーを描く、初の音と人間社会の歴史。十九世紀の一万件にものぼる「鐘をめぐる事件」の史料から、今や失われてしまった感性の文化を見事に浮き彫りにした大作。

A5上製　四六四頁　七二〇〇円
（一九九七年九月刊）
◇978-4-89434-075-6

LES CLOCHES DE LA TERRE
Alain CORBIN

「社会史」への挑戦状

記録を残さなかった男の歴史

（ある木靴職人の世界1798–1876）

A・コルバン
渡辺響子訳

一切の痕跡を残さず死んでいった普通の人に個人性は与えられるか。古い戸籍の中から無作為に選ばれた、記録を残さなかった男の人生と、彼を取り巻く十九世紀フランス農村の日常生活世界を現代に甦らせた、歴史叙述の革命。

四六上製　四三二頁　三六〇〇円
（一九九九年九月刊）
◇978-4-89434-148-7

LE MONDE RETROUVÉ DE LOUIS-FRANÇOIS PINAGOT
Alain CORBIN

我々の「身体」は歴史の産物である

HISTOIRE DU CORPS

身体の歴史（全三巻）

A・コルバン＋J‐J・クルティーヌ＋G・ヴィガレロ監修

小倉孝誠・鷲見洋一・岑村傑監訳

第47回日本翻訳出版文化賞受賞　Ａ５上製　カラー口絵16～48頁　**各6800円**

自然と文化が遭遇する場としての「身体」は、社会の歴史的変容の根幹と、臓器移植、美容整形など今日的問題の中心に存在し、歴史と現在を知る上で、最も重要な主題である。16世紀ルネサンス期から現代までの身体のあり方を明らかにする身体史の集大成！

第Ⅰ巻　16-18世紀　ルネサンスから啓蒙時代まで

ジョルジュ・ヴィガレロ編（鷲見洋一監訳）

中世キリスト教の身体から「近代的身体」の誕生へ。宗教、民衆生活、性生活、競技、解剖学における、人々の「身体」への飽くなき関心を明かす！

656頁　カラー口絵48頁　（2010年3月刊）　◇978-4-89434-732-8

第Ⅱ巻　19世紀　フランス革命から第一次世界大戦まで

アラン・コルバン編（小倉孝誠監訳）

臨床=解剖学的な医学の発達、麻酔の発明、肉体関係をめぐる想像力の形成、性科学の誕生、体操とスポーツの発展、産業革命は何をもたらしたか？

504頁　カラー口絵32頁　（2010年6月刊）　◇978-4-89434-747-2

第Ⅲ巻　20世紀　まなざしの変容

ジャン＝ジャック・クルティーヌ編（岑村傑監訳）

ヴァーチャルな身体が増殖し、血液や臓器が交換され、機械的なものと有機的なものの境界線が曖昧になる時代にあって、「私の身体」はつねに「私の身体」なのか。

624頁　カラー口絵16頁　（2010年9月刊）　◇978-4-89434-759-5

身体史の集大成の書、名著『身体の歴史』入門

身体はどう変わってきたか

〔16世紀から現代まで〕

A・コルバン

小倉孝誠／鷲見洋一／岑村傑

医学が身体の構造と病をどう捉えてきたか、身体とセクシュアリティー、絵画・彫刻・演劇・ダンスなどアートによって表現される身体、矯正や美容整形、身体作法やスポーツなど鍛えられ訓練される身体——身体の変容を総合的に捉える初の試み。

四六上製　三二〇頁　二六〇〇円　**図版多数**

（二〇一四年一二月刊）　◇978-4-89434-999-5